AF610356

7384.

Extrait des ARCHIVES JUDICIAIRES (*Observateur des tribunaux*), *Tome* XI, *nouvelle série.*

PROCÈS DE VIDOCQ

AU TRIBUNAL DE POLICE CORRECTIONNELLE

ET

DEVANT LA COUR ROYALE.

ERRATA.

PAGE 36. — A cette question adressée à Vidocq : « Pourquoi avez-vous disposé des agents en cet endroit, » Vidocq, au lieu de ce qui est imprimé, a répondu : « Qu'il n'avait commandé qu'au seul Ulysse Perrenoud de se rendre au Pont-Royal, et que c'est celui-ci qui contre sa volonté a fait donner des ordres, et a amené un autre agent pour compromettre Vidocq par une apparence d'illégalité. » — On retrouve d'ailleurs cette explication plusieurs fois répétée dans le cours des débats et dans la plaidoirie de Me Landrin.

PAGE 37. — Vidocq ne s'est pas servi de ces mots : « Il gagne sa paie, » mais de ceux-ci : « C'est dans son rôle. »

PAGE 39. — Au lieu de ces mots : « C'est pour les créanciers de *Pierre* Champaix, » lisez : « *François* Champaix ; » et ajoutez à la fin du paragraphe ces mots : « Les notes mises sur les dossiers annoncent qu'il y avait une répartition à faire. »

PAGE 40. — Au lieu de ces mots : « Le dossier a été volé, » lisez : « Le dossier est devant vous ; quoiqu'on en ait volé les pièces, les preuves sont encore suffisantes. »

PARIS.
AU BUREAU DE L'OBSERVATEUR DES TRIBUNAUX,
BOULEVART POISSONNIÈRE, N° 12 ;
ET CHEZ TOUS LES LIBRAIRES DE PARIS ET DES DÉPARTEMENTS.

1843

*Extrait de l'*Observateur des tribunaux, *Archives judiciaires,*
Tome XI. — *Nouvelle série.*

PROCÈS DE VIDOCQ.

I — INTRODUCTION PRÉLIMINAIRE.

Le nom, la personne, les œuvres et les procès de Vidocq, appartiennent de droit plus qu'aucun autre sujet peut-être et plus qu'aucun autre personnage à l'*Observateur des tribunaux*, non seulement par l'individualité exceptionnelle d'un tel homme, par la nature singulière des fonctions qu'il a remplies et créées, mais encore en raison d'une vive et saisissante actualité.

En effet, le premier auteur de ces tableaux étonnants, qui faisaient dire devant M. Chapuis de Montlaville à la chambre des députés qu'un journal promenait ses lecteurs depuis six mois dans les égouts de Paris, tableaux pour lesquels au contraire un organe du ministère public exprimait tout dernièrement son admiration dans une cause de police correctionnelle; de ces tableaux qui ont excité un intérêt si palpitant; qui se lisent et s'achètent partout, sous toutes les formes, en feuilletons, en volumes, en livraisons illustrées; dont on parle dans tous les lieux publics, dans les salons, dans les récits des journaux, dans les pièces de théâtres, dans les plaidoiries, dans les réquisitoires; en un mot le premier auteur des *Mystères de Paris*, on peut dire, du moins en ce qui est vrai, sérieux, local, que c'est Vidocq!

Qu'on lise, comme nous l'avons fait, les quatre volumes de *Mémoires* publiés il y a seize ou dix-sept ans par l'ancien chef de la police de sûreté, et son livre plus récent de la *Physiologie des voleurs*, qu'à cette lecture on fasse succéder immédiatement celle des *Mystères de Paris*, et l'on ne croira certainement pas avoir changé d'ouvrage; on y retrouvera

même atmosphère, mêmes faits, mêmes types, même langage. Bien entendu qu'ici, où nous n'avons pas à émettre d'opinion littéraire, nous faisons abstraction de la riche et féconde imagination qui a pu créer sur les données d'une observation pour ainsi dire technique des développements romanesques si attachants, si variés, si dramatiques et si habilement coloriés; aussi l'effet moral produit par le livre des *Mystères de Paris* serait-il destiné à faire époque si la mobilité de notre nature, tous les jours plus active, plus irritable, plus passionnée pour le nouveau, permettait à une émotion quelconque dans notre état social de n'être pas éphémère.

Cependant le sujet, de nature cette fois à préoccuper jusqu'aux alarmes, semble résister à tant de versatilité; l'attention persiste, les efforts persévèrent, et les essais de système pénitentiaire attestent qu'on pense sérieusement à couronner la théorie par la pratique. Or à quelle source meilleure puiser des renseignements plus certains, plus productifs, que dans les souvenirs de l'homme qui a si long-temps vécu au milieu des misères, des dégradations, des nécessités auxquelles il s'agit de porter remède? Il n'y a pas véritablement dans le livre de M. Eugène Sue un enseignement philosophique, une idée de réforme, une indication utile au progrès philanthropique, qu'on ne retrouve signalé dans les œuvres de Vidocq; bien plus, et nous le prouverons par un extrait, il est tel épisode de ces mémoires (et là ce sont des personnages véritables et des faits réels) aussi dramatique, aussi déchirant et aussi instructif qu'aucun de ceux éclos sous la plume du célèbre écrivain de feuilletons.

Nous ne disons point cela, tant s'en faut, pour chercher à diminuer dans l'estime de nos lecteurs le mérite de cette dernière production, mérite égal après tout à son succès, malgré la juste part faite à la critique, amie des œuvres épurées; notre seul but est de mettre en relief d'utiles enseignements, presque ignorés, sur une matière à l'ordre du jour, de montrer tout le profit qu'on aurait pu tirer de l'expérience et des bonnes intentions d'un ancien agent que des susceptibilités ombrageuses ont empêché l'administration d'encourager dans de louables efforts, enfin de faire comprendre qu'à l'aiguillon de la curiosité peut se joindre l'intérêt d'une étude et d'une observation profondes dans la lecture du procès de Vidocq : car, après ses *Mémoires* et sa *Physiologie des voleurs*, son procès peut être regardé encore comme une des pages les plus curieuses des *Mystères de Paris*, dont son agence est assurément le chapitre le plus exceptionnel et le plus bizarre.

Eugène ROCH.

II. — NATURE ET PHYSIONOMIE DE VIDOCQ.

Peut-être recherchera-t-on un jour des données sur Vidocq parmi les documents judiciaires que nous réunissons en général aussi complets qu'il nous est possible de le faire, dans chaque procès de notre recueil ; nous reproduirons donc, pour satisfaire à ces recherches, le portrait suivant tracé avec vigueur, après le procès en première instance, dans un des meilleurs articles de la série publiée par le *Bulletin des tribunaux* sous le titre *Des Hommes et des Choses du Palais :*

« Il y a en France un homme qui s'est acquis une célébrité immense. Son nom est populaire à l'égal des plus grands noms. Que l'on parcoure les campagnes, que l'on visite la demeure des artisans : partout on rencontrera un livre qui raconte sa vie orageuse et ses mille aventures, et ses malheurs et les hasards de sa destinée étrange. Aux yeux de la foule, qui se passionne aisément pour de tels personnages, c'est un type accompli d'audace, d'intrépidité, d'adresse et de force. A la terreur, à la répugnance qu'il inspire, se mêle, le croirait-on ? un sentiment mal défini de sympathie et d'admiration.

» Une intelligence ardente et vaste, une imperturbable présence d'esprit, une complexion d'athlète, servie par une volonté toute-puissante, de l'habileté et du courage, cet homme a réçu de Dieu de merveilleuses facultés. Son esprit, comme il l'a dit lui-même, est ainsi fait qu'il ne lui est plus possible d'oublier ce qu'il a appris. A l'âge où le corps s'affaisse, où la pensée faiblit, à soixante-dix ans, il a conservé la vigueur d'une maturité robuste. Il suffit de le voir pour le juger. Il a une face ravagée par les passions, creusée par des rides profondes, tout à la fois calme et tourmentée, énergique et fière, — la face d'un lion. Son œil fixe, hardi, scrutateur, qui semble à l'affût des idées qui naissent dans l'âme d'autrui, respire une détermination prompte, une résolution inébranlable, une audace sans bornes. On le comprend tout de suite : il y a là tous les signes d'une nature prédestinée à l'action, au bruit, au mouvement, capable de tout, douée de cet ascendant qu'exercent sur les faibles des caractères fortement trempés.

» Né au sein d'une révolution, alors qu'il suffisait d'être intelligent et brave pour conquérir une noble mort ou un avenir glorieux, officier à dix-huit ans, celui-là s'est trouvé aux journées homériques qui ont sauvé la France. Il a combattu aux côtés de Dumouriez et de Kellermann. Ne pouvait-on pas alors lui prédire de magnifiques destinées? Que les balles l'épargnent, et il sera vaillant comme Murat, intrépide comme Kléber, habile comme Desaix!

» Il n'en est point ainsi : un fatal concours de circonstances le pousse dans une prison ; il en sort flétri. C'est dans une atmosphère empoisonnée que son intelligence puissante se développe et grandit; ses pensées prennent une direction nouvelle. Un autre but l'attire. Vainement il veut reculer et se jeter en arrière : un pouvoir invincible le maintient dans cette voie maudite. Le repentir, le dévoûment, les services éminents qu'il rendra à l'ordre social, rien ne le réhabilitera, rien ne le réintégrera dans sa dignité première. Comme l'archange rebelle que la vengeance d'en haut a précipité dans l'abîme, il ne peut s'affranchir de l'anathème qui pèse sur lui. Lui aussi il porte au front une cicatrice qui ne se fermera jamais, — le sillon qu'a laissé la foudre ; — lui aussi il ne trouve de consolation que dans les profondeurs insondables de son orgueil.

» Si le jugement de la 6e chambre est confirmé, cette existence singulière se clora comme elle a commencé, — par une condamnation. La main de la justice s'est appesantie deux fois sur elle ; le chef de la police secrète, le combattant des barricades de juin, celui qui était l'épouvante des malfaiteurs, est frappé comme le soldat de l'armée républicaine. A cinquante ans d'intervalle, le cachot s'ouvre pour le vieillard comme il s'était ouvert pour le jeune homme ! Au début et au terme de sa carrière, il a rencontré une expiation.

» Réduit aux humbles proportions d'une affaire de police correctionnelle, ce procès néanmoins a piqué vivement la curiosité publique. C'était, à vrai dire, un intéressant spectacle que de voir apparaître devant un tribunal un homme qui a livré tant de criminels à la vengeance des lois. L'attente générale n'a pas été trompée : en présence de la justice, il n'a pas faibli ; sa fermeté, son sang-froid, sa sagacité, ne lui ont pas fait défaut. Toujours debout, épiant les paroles qui s'échappaient des lèvres de chaque témoin, ne perdant jamais contenance, trouvant d'inépuisables ressources dans la sûreté de sa mémoire, se défendant pied à pied avec une assurance et une tranquillité qui ne s'est pas démentie durant ces pénibles débats, il ne s'est point égaré un seul instant à travers le dédale inextricable des faits ; rien de plus curieux surtout que d'étudier sur son visage l'effet de la condamnation qui le retranche du monde pendant cinq ans, qui le place ensuite sous la surveillance de la police : ses yeux ne se sont pas baissés, son front n'a point blêmi ; impassible et calme, il a écouté sa sentence d'un air indifférent et stoïque, et quelle que fût la tempête qui agitait sourdement son âme, nulle émotion n'a paru sur ses traits. »

III. — AGENCE ÉTABLIE PAR VIDOCQ.

Le rôle joué par Vidocq, transformé de libéré des bagnes en directeur de la police de sûreté, ne se renouvellera probablement pas : car, il faut le reconnaître, les acteurs de sa nature seraient difficiles à rencontrer ; et le passage par Brest et Toulon, pour arriver à la surintendance de la rue de Jérusalem, restera nécessairement une exception dans les fastes de la police de sûreté. Il en sera nécessairement de même de l'*Agence* qu'il a créée, d'où est né son procès en police correctionnelle, et qu'il exploite de nouveau après son acquittement. Rien de semblable n'a jamais existé, et il est facile de voir qu'il adviendra de cet établissement comme de l'empire d'Alexandre après la mort de ce conquérant : les lieutenants de Vidocq sont loin d'être ses égaux.

Voici le prospectus publié en 1833 pour annoncer la création de cette singulière entreprise ; il renferme déjà de curieux éléments de statistique morale :

VIDOCQ.

Bureau de renseignements dans l'intérêt du commerce,

Rue Cloche-Perce, N° 12, au 2me, à Paris.

« C'est une nécessité vivement et depuis long-temps sentie par le commerce, que celle d'un établissement spécial ayant pour objet de lui procurer des renseignements sur les prétendus négociants, c'est-à-dire sur les *escrocs* qui, à l'aide des qualifications de banquiers, négociants et commissionnaires, usurpent la confiance publique et font journellement des dupes parmi les véritables commerçants.

» Les écrivains qui se sont spécialement occupés de recherches statistiques en ces matières élèvent à 20,000 le chiffre des *industriels* de ce genre. Je veux bien admettre qu'il y ait quelque exagération dans ce calcul ; mais j'affirme que l'évaluation la plus modérée ne peut descendre au dessous de cinq mille. Prenons pour base cette donnée.

» Ces cinq mille individus absorbent au commerce une somme moyenne de 10 fr. par jour. C'est taxer au plus bas la dépense journalière de ces *messieurs*, menant d'habitude joyeuse vie, et d'ordinaire enclins aux passions les plus dispendieuses.

» Leur dépense commune s'élèvera donc :

» Par jour à. . . . . 50,000 fr.

» Par mois à. . . . . 1,500,000 fr.

» Par an à. . . . . 18,000,000 fr.

» Mais il faut bien observer que, pour se procurer ces 18,000,000 de francs, ces *industriels* escroquent au commerce une somme au moins double, souvent triple, parce qu'ils achètent cher, revendent à vil prix, paient aux entremetteurs de leurs sales affaires des commissions considérables.

» On peut donc évaluer, au plus bas, de 36 à 40 millions la somme qu'ils soutirent annuellement aux véritables commerçants.

» *C'est pour réduire peut-être à rien, au moins à une très faible somme, cette perte immense et annuelle de 36 ou 40 millions de francs, que j'offre mes secours au commerce.*

» Une tentative récemment faite paraissait avoir un but analogue à celui que je me propose. Le journal *le Tocsin* s'était annoncé comme devant dévoiler les intrigues des *industriels* et fournir au commerce les renseignements dont il a besoin. Mais sans parler des vices particuliers à cette entreprise et qui devaient nécessairement la faire échouer, je suis convaincu que la publicité n'est ni décente ni profitable en ces matières. L'idée la plus utile demeure sans portée et sans fruit dès qu'elle dégénère en scandale.

» L'établissement que j'ai l'intention de fonder ne présentera point ces graves inconvénients, et son but d'utilité le recommandera à l'avance à la bienveillance du commerce, en attendant qu'il se recommande par ses services.

» Sous le titre de *Bureau de renseignements*, mon établissement fournira *sur-le-champ* aux commerçants qui l'honoreront de leur confiance *un renseignement positif* sur les personnes qui, sans être connues d'eux, viennent leur demander du crédit.

» Pour couper court à toute fausse interprétation qui pourrait jeter l'alarme dans le véritable commerce, je m'empresse de déclarer que ces renseignements ne seront jamais fournis à l'égard de ceux qui sont réellement commerçants, quelle que soit d'ailleurs leur solvabilité. Le bureau des renseignements ne s'occupera que des faux commerçants qui font métier d'acheter sans payer, c'est-à-dire *d'escroquerie.*

» Depuis long-temps je mûris le projet que je soumets en ce moment au public : seul peut-être je puis entreprendre et convenablement remplir la tâche que je me propose. L'emploi que j'ai occupé m'a mis à même de connaître ces *escrocs* et leurs ruses. Depuis que j'ai quitté l'administration, j'ai réuni d'innombrables documents que la multiplicité de mes occupations ne me permettait pas alors de me procurer.

» Tout le personnel de ces *escrocs* sera sévèrement tenu en note. J'aurai à disposition la liste de tous les individus qui depuis 25 ou 30 ans ont été traduits en justice, détenus ou condamnés pour escroquerie.

» Tel est mon projet; je le crois éminemment utile à mes concitoyens, et c'est dans cette idée que je l'entreprends.

» Les *escrocs*, dont je veux déjouer les trames, vont s'attaquer à ma personne pour nuire à mon établissement; leur haine sera mon titre à la confiance des gens de bien.

» On a beaucoup glosé sur mon compte : en général ceux qui parlent de moi savent peu ce que j'ai fait, et m'attribuent ce que je n'ai pas fait.

» Je ne me suis jamais mêlé de police politique dans les fonctions difficiles que j'ai remplies; j'ai délivré la capitale des voleurs qui l'infestaient; je veux aujourd'hui délivrer le commerce des escrocs qui le dévalisent.

» Les rétributions que j'exigerai des personnes qui m'accorderont leur confiance sont fixées à un taux si minime, qu'elles seront insensibles pour le plus grand nombre des commerçants : moyennant 20 fr. par année, je m'engage à fournir en toute occasion les renseignements aux commerçants abonnés à mon agence. Ceux qui ne voudront pas jouir de cette facilité paieront 5 fr. pour chaque renseignement ou conseil.

» On se charge de toutes espèces de recherches et d'explorations dans l'intérêt des familles et des personnes lésées, et de toutes affaires contentieuses, soit en France, soit à l'étranger.

» On trouvera dans cet établissement un bureau où, sous le sceau du secret, on donnera aux personnes connues seulement des conseils propres à échapper aux embûches des voleurs et fripons de tout genre.

» Les bureaux sont ouverts de dix heures du matin à dix heures du soir. Les demandes doivent être faites par écrit pour accélérer le travail.

» On ne reçoit que les lettres et paquets affranchis. »

A la suite de ce tableau, présenté dans un mémoire adressé à ses juges en Cour royale, Vidocq ajoute :

« Les documents que je trouvai dans mes souvenirs, à ma sortie de la police, et ceux que je me suis procurés depuis à grands frais, sont si nombreux, mes relations sont si étendues, que je puis renseigner, sans sortir de mes bureaux, sur les mœurs, la solvabilité, la probité et les antécédents de plus de 30,000 escrocs de tous les pays, de toutes les professions, de toutes les classes, qui exploitent la capitale, les départements et l'étranger ; je sais que tels et tels qui passent pour être riches et probes, que l'on entoure de considération, que l'on traite d'honorables, ne sont en réalité que des intrigants et des chevaliers d'industrie.

» Ainsi que mes derniers prospectus l'annoncent, je me

chargeais de toutes surveillances, recherches et explorations, non seulement dans l'intérêt du commerce, mais aussi dans celui des familles. C'était là, tout le monde le comprend, la partie délicate de mes opérations, celle qui nécessitait, j'en conviens, une grande pureté d'intentions. Mais ce que dès à présent j'affirme, c'est que, si parfois j'ai paru me prêter à des projets insensés, accepter des propositions téméraires, je ne l'ai fait que pour les paralyser dans leur germe, en prévenir l'exécution, et que je puis me rendre ce témoignage, et le prouver à quiconque m'en portera le défi, que grâce à moi, à mes conseils ou à mes soins, jamais aucuns desseins coupables ainsi conçus ou ainsi médités n'ont été réalisés où n'ont produit leurs tristes fruits.

» Quant à mes bénéfices, que l'on consulte mes livres, mes registres, ma comptabilité : Je nourrissais du fruit de mon travail vingt familles, je consacrais mes nuits et mes jours aux fonctions les plus fatigantes, les plus remplies de soucis, d'angoisses, de peines, qu'on puisse s'imaginer, j'avais 8 à 10,000 clients, et jamais les produits annuels, dépense déduite, n'ont excédé 15 à 16,000 fr.

» Pendant les vingt années que je consacrai à la police, à laquelle je rendis des services que tous les magistrats apprécièrent et que l'accusation elle-même ne méconnaît pas, quelle réputation ai-je acquise ? Est-ce celle d'un homme de bien, utile et dévoué à la société, pour laquelle j'usai ma constitution et exposai continuellement mes jours ? Non, Messieurs : la calomnie avait agi, et quoique sortie des bouches les plus abjectes, des voleurs et assassins, qui seuls avaient intérêt à me calomnier, elle avait produit son effet ordinaire. A cet égard, j'en appelle à vos souvenirs, à vos consciences : mes supérieurs et les magistrats étaient peut-être les seuls dans l'opinion desquels je n'eusse pas perdu par un aussi long dévoûment au bien public ; pour toutes les autres classes de la société tous mes services, et ils étaient nombreux, semblaient m'être comptés pour autant de crimes ; aussi la terreur qu'inspiraient les plus grands criminels n'était rien auprès de celle que mon nom seul répandait dans les classes même les plus honnêtes, celles que je n'avais fait que protéger.

» Je n'arrêtais pas un voleur, je ne signalais pas un seul recéleur, je ne découvrais pas un seul objet volé, je ne livrais pas à la justice un seul assassin, que l'opinion publique ne m'accusât d'avoir participé au vol, partagé les bénéfices du recel, poussé, sinon pris part à l'assassinat et profité de ses résultats.

» Je le répète, mes supérieurs et les magistrats étaient les seuls qui ne partageassent pas ces fâcheuses préventions, parce qu'eux seuls me voyaient d'assez près pour me juger par eux-mêmes et apprécier les calomnies dont j'étais le point de mire. C'est cette réprobation générale, dont je connaissais l'origine, qui m'obligea, à ma sortie de la police, de faire paraître mes mémoires; ils produisirent en partie l'effet que j'en attendais, et si j'eusse eu plus de talent littéraire, si j'eusse été mieux compris par mes collaborateurs, si surtout j'eusse pu tout dire, si je n'eusse été retenu par la nécessité toute morale, mais aussi toute-puissante, de respecter les secrets de la police, ma justification tout entière en fût ressortie.

» Eh bien, Messieurs, les effets de la calomnie pendant mes vingt années de police, ces effets que vous seuls avez été à même d'apprécier, parce que vous puisiez vos lumières et vos convictions à une autre source, parce que mes actes et leurs résultats étaient constamment sous vos yeux; ces effets, dis-je, ils se sont reproduits avec la même force et avec aussi peu de fondement pendant les dix années que je passai à la tête de mon établissement, dévoué à mes clients, comme je l'avais été à d'autres maîtres, usant ma vieillesse aux intérêts particuliers, comme j'avais consacré mon âge mûr aux intérêts généraux. »

C'est dans les débats de première instance que nous allons reprendre les passages curieux de l'interrogatoire de Vidocq et les éléments de la prévention : car en Cour royale l'affaire, déjà très simplifiée malgré la condamnation, n'a eu que de très courts développements.

(*Tribunal correctionnel de Paris, 6e chambre. — Présidence de M. Barbou. — Audience du 3 mai.*)

IV.— PHYSIONOMIE DE L'AUDIENCE.

Le nom de Vidocq, la longue arrestation préventive qu'il a subie (l'instruction a duré huit mois), et l'annonce que les journaux avaient faite à l'avance de cette affaire, ont attiré de bonne heure une affluence inaccoutumée à la 6e chambre. Long-temps avant l'ouverture de l'audience l'entrée publique est assiégée par une foule dix fois plus nombreuse que la capacité de la salle ne saurait l'admettre.

Des députés, des magistrats de tout ordre, des dames, des avocats, se pressent à la porte réservée; le peloton de gardes municipaux, doublé à cette occasion, a peine à maintenir le bon ordre.

A onze heures un quart l'audience est ouverte, et, après la remise de quelques causes entre parties, on appelle l'affaire de M. le procureur du roi contre les sieurs Vidocq, Landier, Gouffé et Tartière, ce dernier absent.

Vidocq prend place sur le banc des prévenus, après avoir déposé près de lui un volumineux portefeuille vert et plusieurs dossiers. Il est entièrement vêtu de noir, ses mains sont gantées en noir; il porte une cravate blanche. Les regards de l'assistance se portent avec une curiosité mêlée de surprise sur cet homme, dont la vie a été traversée par tant d'étranges vicissitudes, et qui aujourd'hui, presque septuagénaire, présente encore toutes les apparencee de la vigueur et de l'énergie de l'âge mûr. Sa chevelure blonde, épaisse et frisée naturellement, n'offre pas un cheveu blanc; seulement quelques rides profondes sillonnent son visage, et ajoutent à son expression sans lui donner aucun des caractères de la caducité. Il promène sur l'auditoire et arrête sur ses juges un salut qui n'est pas sans aisance et sans une sorte de dignité. Tandis que ses coprévenus s'asseyent à ses côtés, Vidocq reste debout, et cherche dans l'auditoire plusieurs visages de connaissance qu'il a fait assigner comme témoins, et son avocat, Mᵉ Jules Favre, qui a déjà pris place au barreau.

Landier, assis à gauche de Vidocq, et l'un de ses coprévenus, porte l'empreinte de la dissimulation et de la finesse. Il considère long-temps Vidocq, et avec l'attention qu'y apporterait un curieux ordinaire qui ne l'aurait pas encore vu. Son sourire, pendant qu'il se livre avec une sorte d'affectation à cet examen, a quelque chose de mécontent et de souffrant.

Gouffé, le troisième inculpé présent, est en état de liberté provisoire, et placé en conséquence sur le banc d'en bas. Rien dans son extérieur assez bonhomme n'indique le premier ministre, ou, pour parler plus modestement, le premier commis du chef de l'administration que celui qui l'a créée avait déjà su rendre immense, et dont les ramifications s'étendaient, dit-on, en dehors du territoire.

Vidocq, interrogé par M. le président, déclare se nommer Eugène-François Vidocq, âgé de soixante-neuf ans, agent d'affaires, demeurant à Paris, passage Vivienne. Il demande et obtient de M. le président la permission de faire asseoir à sa portée un jeune homme qu'on dit être son secrétaire intime, et qui est porteur, de son côté, de papiers importants à sa défense.

V. — MISE EN ACCUSATION.

Nous devons ici, pour l'intelligence des faits, et avant de rapporter l'interrogatoire que M. le président fait subir à Vidocq, faire connaître l'ordonnance de la chambre du conseil qui résume toute l'instruction.

Le 14 août dernier, par suite de mandats délivrés par M. le préfet de police, le sieur Pierre Champaix a été arrêté, et a été l'objet d'une inculpation d'escroquerie.

Voici le résumé des faits :

« Champaix avait été mis en relation, par le sieur Landier, avec deux associés nommés Delaunay et Lieuvain, lesquels, à l'aide de bons renseignements donnés au commerce de Paris sur le sieur Champaix, étaient parvenus à faire livrer à celui-ci et à se faire remettre par lui une certaine quantité de marchandises. Les marchandises étaient livrées par le commerce à crédit, et achetées par Delaunay et Lieuvain à un rabais exorbitant.

» Champaix, Delaunay, Lieuvain et Landier, appartenaient donc à une société qu'il importait d'examiner, dont les opérations appelaient les investigations de la justice. Les faits n'avaient pas échappé aux investigations de M. le préfet de police, et motivaient justement la double mesure qu'il avait ordonnée.

» Mais cette mesure devait jusqu'à un certain point surprendre Champaix, car il croyait avoir déjà subi les rigueurs de la justice, et croyait s'être entendu avec ses créanciers, qui auraient obtenu la suspension des poursuites, et voici comment :

» Le 12 dudit mois d'août, il sortait de la maison d'un nommé Tartière, logé rue Jacob, et débouchait avec Landier de la rue du Bac pour monter le Pont-Royal, se rendant chez ses marchands, lorsqu'il a fait la rencontre de Vidocq, lequel, le prenant par sa redingote lui dit : *Au nom de la loi, je vous arrête.* En même temps l'un des hommes de Vidocq, un nommé Gouffé, recevait de celui-ci l'ordre de l'attraper de l'autre côté.

» Champaix devait s'informer du motif de son arrestation. Vidocq, lui montrant un portefeuille, en tira des billets signés Champaix. Il s'informa de la qualité de celui qui l'abordait, et Vidocq de se nommer. Champaix dit avoir demandé à se rendre devant M. le procureur du roi; mais Vidocq, tout en prétendant n'avoir pas affaire à ce magistrat, prit une voiture, y fit monter Champaix, et l'emmena à sa propre demeure, où de suite il le séquestra.

» Introduit dans le cabinet de Vidocq, Champaix fut fouillé; ses bottes furent visitées, son chapeau fut examiné. « Connaissez-vous le gros Barba? lui dit Vidocq. Eh bien, j'ai trouvé là dessous, en montrant le cuir du chapeau, des billets de banque. » Cette visite effectuée, Champaix dut remettre son portefeuille à Vidocq, et passer dans une pièce voisine, où il fut gardé à vue. On ne le laissa sortir ni pour aller déjeuner, ni pour aller aux lieux d'aisances; un agent de Vidocq se chargea de le conduire aux latrines. Champaix était si bien séquestré, qu'à son retour cet agent fut blâmé de l'avoir fait sortir de l'appartement.

» Cet état de gêne a duré depuis le matin dix heures jusqu'au soir six heures. Alors, moyennant quelques signatures, quelques aveux, quelques reconnaissances, Champaix obtint la faculté de se retirer et de gagner sa demeure, où il se croyait en sûreté, lorsque les mesures régulières et légales de M. le préfet de police, lui ouvrant les yeux sur sa position, l'ont éclairé sur les entreprises injustes et illégales de Vidocq.

» Il a donc porté plainte contre ce dernier. Dès ce moment une double procédure a pris naissance :

» L'une, basée sur les mesures ordonnées par M. le préfet de police contre Champaix, Delaunay, Lieuvain, pour escroqueries;

» L'autre, motivée par la plainte de Champaix contre l'acte arbitraire de Vidocq et de ses agents. Il n'est question ici que de celle-ci.

» Vidocq, d'ailleurs, par le réquisitoire de M. le procureur du roi, et sur de certains renseignements, a été inculpé en outre d'escroquerie.

» Cette dernière plainte a été suivie de l'arrestation de Vidocq et d'une perquisition rigoureuse à leurs domiciles respectifs, et de la mise en prévention de plusieurs agents du premier des inculpés.

» C'est ici le lieu de faire connaître la position de Vidocq.

» Vidocq est un homme qui a été condamné à huit ans de fers le 7 nivôse an 5, par le tribunal criminel séant à Douai, pour faux en écriture. Ses évasions ont été fréquentes. En 1818 une ordonnance royale lui a donné sa grâce. Attaché à la police pendant plusieurs années comme chef de la brigade de sûreté, Vidocq a fini par mécontenter ses supérieurs. En 1833 il a été rendu à la vie privée, et il a profité de ses instants pour se livrer à quelques industries; la dernière qu'il ait exploitée est celle d'*agent d'affaires*.

» Son agence avait un caractère particulier, comme l'indiquent ses annonces, ses prospectus. Sa spécialité était d'obtenir des renseignements sur les débiteurs du commerce, et de faciliter, à l'aide de moyens qui lui sont propres, la rentrée de certaines créances.

» A côté de cette spécialité, Vidocq groupa plusieurs industries pour lesquelles il faudrait une sévère probité et des mœurs peu en harmonie avec celles d'un repris de justice : il se chargea de surveillance, de recherche des objets volés ou perdus. Une fois sur cette voie, Vidocq, qu'aucun principe ne retenait, se chargea de nouer des intrigues, de faire des enlèvements, de prêter sur gages, de prêter à gros intérêts, de rançonner ensuite à l'aide de renseignements qu'il obtenait pour et contre ses clients, ceux qui avaient eu le malheur d'invoquer son bras ou de se trouver aux prises avec lui.

» Aussi, depuis 1833, Vidocq n'avait point été sans avoir des démêlés avec la justice. En décembre 1837, il avait vu se refermer sur ses pas les portes d'une prison que naguère encore il avait ouverte à beaucoup de gens. Il est vrai que quelques mois après une ordonnance de non-lieu est intervenue à son profit, mais dans de tels termes et sur de telles réquisitions, que cette ordonnance est, à vrai dire, une flétrissure pour celui qui en bénéficiait.

» L'arrestation de Vidocq, son interrogatoire, l'arrestation de Gouffé, et les explications qui en ont été la suite, ont jeté le jour le plus complet sur l'attribution scandaleuse que Vidocq s'est faite du droit d'arrestation à l'égard de Champaix.

. . . .

» Les papiers saisis chez Vidocq ont été l'objet d'un examen minutieux, et ce travail a révélé une foule de faits plus ou moins coupables, une foule d'habitudes plus ou moins immorales.

» Pour cet homme rien n'est sacré en présence d'un appât offert à sa cupidité, et l'organe du ministère public parle de faits ne réunissant pas, suivant lui, tous les caractères du délit, ou qui sont atteints par la prescription, tels que :

» 1° L'arrestation d'une femme Lassalle, attirée hors du théâtre de la Renaissance par une femme Grenetson, arrestation opérée par deux agents de Vidocq, les nommés Bruno et Picot Delamothe, sur les ordres de Rignon; cette femme a été séquestrée pendant vingt-quatre heures chez la femme Grenetson et relâchée en échange d'une obligation cautionnée par un tiers;

» 2° L'arrestation d'un nommé Borne, traîné au corps-de-garde par des agents de Vidocq, qui l'ont maltraité;

» 3° L'introduction des agents de Vidocq dans des maisons religieuses, soit pour y soustraire une jeune fille qu'y avait déposée son père, et la livrer à son séducteur, contre les entreprises duquel sa famille avait cru élever un obstacle; soit pour y enlever en plein jour une jeune femme qui y avait cherché un refuge, une expiation à ses désordres passés, et la livrer à son amant;

» 4° Des marchés débattus avec un mari pour lui fournir contre une épouse exempte de reproches les apparences accablantes d'un flagrant délit;

» 5° Des marchés débattus avec un mari pour lui livrer les secrets d'une surveillance pratiquée sur lui à la demande de sa femme;

» 6° L'engagement pris par correspondance de dérober dans plusieurs bureaux de poste des lettres adressées à des tiers;

» 7° Une entreprise de diffamation au profit de concurrences commerciales, comme dans l'affaire Soulier-Beaubout, entreprise à laquelle il ne manque pour le corps du délit que la plainte de la partie lâchement diffamée;

» 8° L'habitude d'exiger, pour les objets volés ou perdus, le paiement d'une prime acquise en cas de non-succès, et de ne rien faire pour légitimer l'avance de cette prime à son gain.

» Aussi comprend-on pourquoi il s'est opposé avec d'aussi vives instances, d'abord à la saisie, puis à l'enlèvement, enfin à l'examen de ses papiers. On conçoit alors ses réclamations, les obstacles matériels qu'il suscite à la levée des scellés; on sait pourquoi il proclamait impossible, chimérique, une opération fort simple, à l'accomplissement de laquelle le dégoût seul pouvait faire empêchement. Mais à côté de ces faits d'une immoralité révoltante l'examen des papiers et les dépositions du procès ont placé des faits qui tombent sous l'empire de la loi pénale. »

Après l'exposé des autres griefs qui seront développés dans les débats, l'ordonnance se termine ainsi :

« Attendu que des pièces du procès résultent charges suffisantes contre Vidocq

» D'avoir en août dernier, sans ordre des autorités constituées, et hors le cas où la loi ordonne de saisir des prévenus, arrêté et séquestré pendant une journée le nommé Pierre Champaix;

» De s'être, en 1842, en employant des manœuvres frauduleuses pour persuader l'existence de fausses entreprises, d'un pouvoir ou d'un crédit imaginaire pour faire naître l'espérance ou la crainte de succès ou d'événements chimériques, fait remettre des fonds, et escroqué par ces moyens à François Champaix et à Morin une somme de 400 fr., au sieur Hardy 200 fr., au marquis Duvivier 2,500 fr.;

» Contre Landier :

» D'avoir sciemment procuré à Vidocq le moyen d'arrêter Pierre Champaix, et de l'avoir par là assisté et aidé dans les faits qui ont préparé, facilité ladite arrestation, ce qui l'en constitue le complice;

» Contre Gouffé :

» D'avoir, avec connaissance, aidé et assisté Vidocq dans les faits qui ont préparé, facilité et consommé l'arrestation et la séquestration de Pierre Champaix, et de s'être ainsi rendu le complice de ces faits;

» Contre Tartière :

» De s'être rendu le complice de l'escroquerie commise au préjudice de François Champaix et de Morin tant en aidant Vidocq dans les faits qui l'ont préparée, facilitée et consommée, qu'en lui donnant des instructions pour la commettre;

» Délits prévus par les art. 341, 343, 59, 60 et 405, du Code pénal. »

M. le président interroge le prévenu Vidocq.

VI. — INTERROGATOIRE DE VIDOCQ.

M. le Président : Vous savez les motifs de votre arrestation. Vous êtes prévenu d'arrestation illégale, de séquestration et d'escroquerie. Mais, avant que je vous interroge sur ces faits, il est bon que vous nous donniez quelques explications sur des faits antérieurs. Vous avez été condamné en l'an V par la Cour criminelle de Douai à huit ans de travaux forcés?

Vidocq : Oui, Monsieur, à 8 ans de fers en l'an V par arrêt du tribunal criminel de Douai, sous la date du 5 nivôse. Je n'ai garde de l'oublier.

M. le Président : Pour quel motif avez-vous été condamné?

Vidocq : Pour avoir voulu faire une bonne action, rendre un service...; pour avoir prêté ma chambre. Officier à dix-huit ans dans le 2e bataillon des volontaires du Pas-de-Calais, j'avais été condamné à trois mois de prison par suite d'une rixe, et déposé à la tour Saint-Pierre. Cette prison renfermait des condamnés civils et militaires. Ayant été recommandé, on me donna une chambre où j'étais seul. Je dus en gémir plus tard, car c'est de là que vinrent tous mes maux. Au nombre des détenus était un nommé Boitelle, cultivateur, que j'avais connu pour avoir quelquefois amené des marchandises chez mon père; ce malheureux était condamné à six ans de réclusion pour vol, dans les champs, de quelques boisseaux de blé pour nourrir sa famille, qui se composait de six enfants. Il y avait aussi deux jeunes militaires condamnés aux fers pour faux. La position de Boitelle et de sa famille les intéressa, et les porta à tenter de lui procurer sa liberté à l'aide d'un faux ordre dont ils imaginèrent le plan. Le concierge fut mis dans la confidence, mais il ne voulut pas permettre que le travail fût fait dans son logement; il n'était pas possible non plus de le faire dans les chambres communes aux autres détenus. On me demanda la mienne, sous le prétexte d'avoir à rédiger un mémoire en faveur de l'infortuné Boitelle, auquel je m'intéressais moi-même. Je consentis donc avec plaisir à céder ma chambre pour une demi-journée.

Au lieu d'une pétition, ce fut un faux ordre de mise en liberté qu'on y écrivit. Boitelle sortit de prison; mais des mandats d'amener furent décernés contre les deux militaires, contre le geôlier et moi. N'oubliez pas que c'était en 1793 que ce malheureux vol avait été commis.

M. le Président : Enfin, c'est pour crime de faux que vous avez été condamné par la Cour de Douai ?

Vidocq : Oui, Monsieur; ma condamnation a été motivée pour faux. Je sentis que j'avais commis une grande imprudence en cédant ma chambre, tout en pensant que je faisais une chose louable; et, épouvanté d'une prévention aussi grave, je cherchai à m'évader par la porte de la prison où j'étais détenu; j'y parvins à l'aide d'un déguisement. Sous le costume d'un vieillard je me présentai à la porte de la prison et demandai qu'on me l'ouvrît, ce que fit Baptiste, le guichetier, le plus innocemment du monde.

Cette fois je profitai de ma liberté pour passer en Hollande. J'y pris du service, et ne tardai pas à être nommé sous-officier de canonniers à bord d'une frégate hollandaise; mais à peine était-je revêtu des insignes de mon nouveau grade, que j'appris par l'effet du hasard que Baptiste le guichetier était en France l'objet des poursuites les plus rigoureuses, que les détenus de la tour Saint-Pierre, envers lesquels il avait toujours été très rigoureux, l'avaient dénoncé comme coupable d'avoir favorisé mon évasion moyennant une assez forte somme; que ce crime imaginaire avait paru vraisemblable à ses premiers juges, qui ne comprenaient pas que tout jeune encore j'eusse pu simuler la marche et les manières d'un vieillard au point de tromper l'œil vigilant d'un guichetier; qu'il avait en conséquence été condamné à la peine de mort (telle était la loi de l'époque), et qu'il allait incessamment passer devant de nouveaux juges, dont il avait à redouter la même sévérité.

Je ne pus supporter l'idée de laisser condamner à la peine de mort un homme injustement accusé d'avoir favorisé mon invasion, et, quoique j'eusse moi-même à me plaindre de l'excessive rigidité de Baptiste, je résolus de le sauver, aux risques d'être fusillé comme déserteur et au prix de ma liberté.

Ne pouvant espérer d'obtenir un congé pour retourner en France, je désertai, et j'arrivai non sans dangers à Saint-Omer, où Baptiste devait être incessamment traduit devant ses nouveaux juges.

Il avait pour avocat M. Porion, ancien évêque constitutionnel d'Arras, qui me connaissait, ainsi que ma famille. J'allai le trouver pour lui faire connaître l'intention que j'avais de me présenter à l'audience, afin d'arracher son client au sort qui l'attendait. Il approuva ce généreux dévoûment, tout en m'en faisant comprendre les dangers pour moi-même.

Je comparus en effet à l'audience, et c'est aux explications que je donnai que Baptiste le guichetier dut sa mise en liberté. Les portes des prisons se refermèrent sur moi seul.

Je m'évadai bien d'autres fois; c'était pour moi un jeu d'enfant. Je m'évadai de prison avant et après ma condamnation à huit ans de fers, et peut-être, dans l'esprit de mes juges, la conviction de ma culpabilité prit-elle naissance moins sur les preuves de ma participation au crime que dans mes évasions multipliées et les fanfaronnades qui les accompagnèrent (à chaque évasion j'allais déposer ma carte et mes fers chez l'accusateur public et le commandant de la gendarmerie).

Je m'évadai encore du bagne de Toulon, où l'on m'avait conduit avec mes coaccusés, qui avaient profité de mon absence pour tout rejeter sur moi; mais, en me perdant, ils n'avaient pas réussi à se sauver eux-mêmes.

M. le Président : Vous avez été gracié ?

Vidocq : Oui, Monsieur.

D. A quelle époque ? — *R.* En 1818. (1).

---

(1) Ce n'est que dix ans après, et lorsqu'il sortit de la police la première fois, qu'eut lieu l'entérinement des lettres de grâce de Vidocq, ainsi qu'il résulte des deux pièces assez curieuses que nous trouvons dans le dossier.

En marge de la minute de l'arrêt du ci-devant tribunal criminel du département du Nord se trouve écrit ce qui suit :

« *Copie d'une lettre de* SA GRANDEUR MONSEIGNEUR *le garde des sceaux à Monsieur le procureur général de la Cour royale de Douai.*

» Monsieur, je vous adresse les lettres de grâce que Sa Majesté a daigné » accorder le premier de ce mois au nommé François Vidocq, condamné à la » peine de huit ans de fers par arrêt du vingt-sept décembre mil sept cent » quatre-vingt-seize, rendu par la Cour de justice criminelle du département » du Nord, pour crime de faux.

» Les opérations auxquelles est habituellement employé Vidocq l'empê» chant de comparaître en ce moment à l'audience de la Cour royale de

D. A quelle époque êtes-vous entré dans la police? — *R.* J'y suis entré en 1809.

D. N'est-ce pas à Lyon que vous avez commencé à entrer dans la police? — *R.* Oui, Monsieur. Je m'étais rendu à

»Douai pour être présent à l'entérinement de ses lettres de grâce, vous dé»poserez provisoirement ces lettres au greffe de la Cour, et vous ferez faire »mention de leur existence en marge ou à la suite de l'arrêt de condamna»tion.

» J'écris tout à la fois à Monsieur le préfet de police de Paris pour l'au»toriser à faire mettre de suite Vidocq en liberté, en exécution de la déci»sion du roi.

» Recevez, etc.

»*Signé* PASQUIER. »

EXTRAIT DU REGISTRE D'ENTÉRINEMENT.

Nous trouvons dans le dossier les lettres de grâce et l'extrait du registre d'entérinement, ainsi qu'il suit :

« L'an mil huit cent vingt-huit, le premier du mois de juillet, à une heure de relevée, la Cour royale de Douai, toutes les chambres et le parquet spécialement convoqués, se constituent en audience solennelle dans la salle d'audience de la première chambre civile, pour l'entérinement de lettres de grâce accordées par le roi.

» Sur l'ordre de Monsieur le président, le nommé Vidocq est introduit dans l'auditoire par l'huissier de service.

» Monsieur Morand de Souffray, procureur général du roi, requiert qu'il plaise à la Cour ordonner que les lettres de grâce accordées à cet individu soient publiées et enregistrées au greffe de la Cour, pour jouir par l'impétrant du bénéfice y contenu.

» La Cour, faisant droit sur le réquisitoire du procureur général, lui donne acte de la présentation des lettres dont s'agit, et en ordonne la lecture et la publication séance tenante.

« LOUIS, par la grâce de Dieu roi de France et de Navarre, à tous pré»sents et à venir salut.

» Nous avons reçu l'humble supplication au nom de François Vidocq, »contenant que, par arrêt du sept nivôse an cinq (vingt-sept décembre mil »sept cent quatre-vingt-seize) rendu par la Cour de justice criminelle du »département du Nord, il a été condamné à la peine de huit ans de fers pour

Lyon après ma dernière évasion en l'an VII. J'y fis rencontre de beaucoup d'évadés et de libérés qui voulurent me pousser à mal ; mais, pour mettre fin à leurs instances, je me rendis auprès de M. Dubois, alors préfet du Rhône ; je lui confiai ma position, et lui proposai de faire saisir un grand nombre de ces évadés. Il commença par me demander quelles garanties je pouvais donner de la sincérité de mes paroles ; je lui répondis que je ne pouvais lui donner que ma parole d'honneur. Alors M. Dubois me dit qu'il ne pouvait se dispenser de me faire arrêter : « Mais, ajouta-t-il, je vous crois de l'intelligence, et j'accepte votre offre si vous pouvez parvenir à vous échapper des mains des agents qui vont vous

---

»crime de faux ; que, s'étant échappé des bagnes ou prisons, il n'a réellement subi qu'une partie de sa peine ; mais qu'il vient de se constituer volontairement prisonnier dans une prison de Paris, ainsi qu'il résulte de »l'écrou en due forme qui est joint à sa demande ; dans ces circonstances, »il a recours à notre clémence.

» A ces causes, et après nous être fait rendre compte de cette affaire par »notre garde des sceaux, ministre-secrétaire d'état au département de la »justice, voulant préférer miséricorde à la rigueur des lois, nous avons, »de notre grâce spéciale, pleine puissance et autorité royale, fait grâce et »remise audit François Vidocq du restant de la peine prononcée contre lui »par l'arrêt susdaté ; satisfaction préalablement faite à la partie civile s'il y »a lieu, car tel est notre bon plaisir.

» Donné à Paris, en notre château des Tuileries, le premier avril de l'an »de grâce mil huit cent dix-huit, et de notre règne le *vingt-troisième* *.

» *Signé* LOUIS.
Par le roi,

»Le garde des sceaux, ministre-»secrétaire d'état au département »de la justice. *Signé* PASQUIER.»

» Cette lecture faite par le greffier en présence de l'impétrant, qui l'a entendue debout et la tête découverte ;

» La Cour donne acte au procureur général de l'accomplissement de cette formalité, ordonne que lesdites lettres de grâce soient transcrites dans ses registres. »

(*) On sait que Louis XVIII datait son règne de la mort du fils de Louis XVI, nonobstant la république et l'empire.

conduire à Roanne. » En effet, à quelques pas de la préfecture, je laissai là au coin d'une rue les agents qui me conduisaient. Peu de temps après, plus de vingt d'entre ces scélérats furent arrêtés avec des marchandises volées, une énorme quantité d'outils à voleurs; plusieurs recéleurs fameux subirent le même sort. Peu de temps après, les deux frères Quincy assassinèrent une femme rue Belle-Cordière, à Lyon, où on les avait depuis deux mois vainement cherchés; mais en quelques jours je les mis entre les mains de la justice. Cela me fut d'autant plus facile que j'avais donné des leçons d'armes à tous les deux. Ces faits sont exacts, et peuvent être attestés par M. Garnier, ancien commissaire de police à Paris, et qui était alors secrétaire général de la préfecture du Rhône.

D. N'avez-vous pas fait ensuite le métier de marchand de nouveautés ?

R. Après les services que j'avais rendus à la police de Lyon, j'écrivis à ma famille pour lui faire connaître mon évasion, et j'en reçus de l'argent, afin de pouvoir m'établir; je fis le commerce de nouveautés, puis je me fixai à Paris tailleur et marchand de draps. J'oubliais de vous dire qu'après mon évasion de Toulon, j'étais devenu capitaine d'armes à bord d'un corsaire; mais j'avais été reconnu à Ostende, repris et reconduit en prison.

A Paris donc je me livrais à une industrie honnête; mais les mêmes amitiés et les mêmes haines de prison et de bagne me suivirent; je fus dénoncé, je fus arrêté et conduit à Bicêtre. Je fis à M. Dubois, alors préfet de police, la proposition de le servir. Il consentit à m'essayer, et je lui signalai de grands coupables, qui payèrent de leur tête les crimes nombreux qu'ils avaient commis, et qui, sans moi, seraient restés impunis. N'ayant plus rien à faire à Bicêtre, je fus transféré à la Force, où je restai dix-huit mois comme agent secret; ce fut là que je mis l'autorité à même de me juger. Tous les assassins et voleurs arrêtés et conduits dans cette même prison, et contre lesquels il n'existait que peu ou point de preuves, ont été amenés à me faire des confidences qui établissaient leur culpabilité, et presque tous furent condamnés.

M. le baron Pasquier, devenu préfet de police, et le respectable M. Henry, chef de division, me continuèrent la confiance que m'avait accordée M. Dubois; et, appréciant mes services, mon zèle et mon dévoûment, ils me firent mettre en liberté le 21 mars 1811.

A partir de cette époque, je fus employé comme agent secret : mes débuts surpassèrent toutes les prévisions. Mes supérieurs me chargèrent de créer une police particulière de sûreté.

D. Combien aviez-vous d'agents sous vos ordres? — *R.* J'ai d'abord commencé par être seul; j'ai eu ensuite un, deux, trois, cinq agents. Je n'en ai jamais eu plus de douze. C'est avec ce nombre d'auxiliaires que pendant dix-sept ans j'ai fait la police de Paris.

Tout le monde sait les immenses services que j'ai rendus à la société avec cette poignée d'agents. Les rapports sont à la police pour attester la vérité, et la justice n'a pas oublié qu'elle a été appelée à juger des milliers des malfaiteurs que j'ai placés sous sa main.

D. A quelle époque avez-vous quitté la police? — *R.* J'en suis sorti en 1826, à l'occasion de l'entrée à la police de M. Duplessis, chef de division. Indépendamment de ce que ce jeune homme ne partageait pas mes opinions, il avait des manières qui ne me convenaient pas, une manière de commander qui ne pouvait pas m'aller. Je donnai ma démission. Il suffirait de la voir pour être convaincu qu'il y avait de la loyauté et de l'indépendance dans ma manière d'agir (1).

(1) Voici la copie de cette démission :

« Depuis dix-huit ans je sers la police avec distinction. Je n'ai jamais reçu un seul reproche de vos prédécesseurs; je dois donc penser n'en avoir

D. Vous y rentrâtes depuis ?

R. Non, monsieur le Président.

M. le Président : Mais à la révolution de juillet... ?

Vidocq : En 1832, quelques services signalés me valurent la recommandation de MM. Casimir Périer et de Bondy auprès de M. Gisquet, qui n'était alors que secrétaire général, et je fus bientôt réintégré par ce magistrat dans mes fonctions de chef de la police de sûreté. J'ai redonné ma démission après les affaires de juin.

M. le Président : Pourquoi ?

Vidocq : Parce qu'on voulut fondre la brigade de sûreté soit avec la police municipale, soit avec la police politique, et que cela ne me convenait pas.

M. le Président : N'auriez-vous pas plutôt été révoqué?

Vidocq : Ma démission est au dossier ; elle eut, comme la première, une cause que je puis hautement avouer. L'administration supérieure pensa qu'on devait réformer le personnel des agents qui servaient sous mes ordres. Je pensais, moi, qu'on ne peut sévir avec efficacité contre les malfaiteurs qu'en s'aidant des gens qui les connaissent et ont vécu avec eux ; mes agents, d'ailleurs, avaient, quels que fussent leurs précédents, fidèlement et loyalement servi sous mes ordres. Privé de ces instruments utiles, je me crus frappé d'impuissance ; je refusai de les sacrifier en me sacrifiant moi-même ; je donnai ma démission ; je quittai la police. Mais

---

jamais mérité. Depuis votre nomination à la deuxième division, voilà la deuxième fois que vous me faites l'honneur de m'en adresser en vous plaignant des agents ; suis-je le maître de les contenir hors du bureau ? Non. Pour vous éviter, Monsieur, la peine de m'en adresser de semblables à l'avenir, et à moi le désagrément de les recevoir, j'ai l'honneur de vous prier de vouloir bien recevoir ma démission.

» J'ai l'honneur d'être votre très humble serviteur.

» *Signé* VIDOCQ. »

M. Gisquet, pour témoigner hautement en faveur de mes services passés, voulut que je touchasse tous les mois 500 fr. qui devaient m'être comptés juqu'à la fin de ma vie.

J'ai touché pendant six mois seulement cette indemnité, et, sans avoir démérité en rien, je cessai de rien recevoir. Cet acte de justice que faisait M. Gisquet était plus particulièrement la récompense de ma conduite dans les journées d'avril, où j'avais couru de grands dangers, et dans celles des 5 et 6 juin, où l'insurrection s'était montrée si menaçante.

M. le Président : En 1837, vous avez été l'objet de poursuites nombreuses en escroquerie, abus de confiance et autres ?

Vidocq : Il y avait bien 160 ou 200 chefs de prévention. Le tout s'est terminé par un arrêt de non-lieu.

D. A quelle époque avez-vous créé votre bureau de renseignements ? — *R.* C'est en 1833, après être sorti de la police.

D. N'aviez-vous pas établi une fabrique de papier et de carton à Saint-Mandé ? — *R.* Oui, M. le président ; c'était dans le but d'y recevoir des libérés sans moyens d'existence. Je devais être aidé par la police ; il n'en fut rien. Je n'étais pas assez riche pour nourrir et payer ces hommes-là pendant leur apprentissage. Je ne pus pas continuer, et je fus forcé d'abandonner ces malheureux, dont la moitié au moins avait de bonnes intentions, qui, de leur côté, ont été obligés de se compromettre de nouveau, et de se faire condamner.

J'ai fait ensuite de la papeterie. Je suis l'inventeur du papier de sûreté dont M. Mozard est aujourd'hui l'acquéreur. C'est un papier entièrement infalsifiable.

D. Quel était le but de votre agence de renseignements ? — *R.* C'était d'indiquer au commerce ces escrocs qu'on appelle en termes vulgaires des *faiseurs*, des *briseurs*. Ce sont ces gens qui achètent de toutes mains, à crédit, et qui revendent aussitôt à 50 pour 100 de perte; c'était de faire connaître les faiseurs haut placés ou se disant tels, qui ont des titres, des châteaux, des voitures, et qui volent ainsi leurs tailleurs, leurs bottiers, leurs fournisseurs; les escrocs du grand monde, les gens qui ont maison en ville, maison de campagne, chevaux de voiture et de selle, et qui cependant n'ont pas un sou de revenu, ne gagnent pas un sou par leur travail. C'est aussi ce que j'ai constamment fait. Sur 8,000 dossiers saisis chez moi, on n'en trouvera pas un qui ne contienne des informations des plus précieuses en ce genre.

M. le Président : Il fallait que votre entreprise eût pris de bien grands développements pour qu'il y eût huit mille dossiers ?

Vidocq : Oui, Monsieur.

M. le Président : La prévention prétend que vous auriez abusé des connaissances que vous aviez acquises dans l'administration ?

Vidocq : Non, Monsieur ; mais je suis organisé de telle façon qu'il ne m'est pas possible d'oublier ce qu'une fois j'ai appris.

M. le Président : La prévention vous reproche d'avoir abusé de la connaissance de faits nombreux que vous aviez acquise pour vous livrer à des escroqueries.

Vidocq : Je sais bien que la prévention qu'on a élevée contre moi essaie de prétendre cela ; mais les dossiers sont là; ils répondront pour moi. On peut les examiner tous séparément, et on y trouvera ma justification.

M. le Président : Sur les prospectus de votre agence, vous vous dites breveté du roi ?

Vidocq : Je l'étais doublement pour le papier infalsifiable, papier de sûreté, et pour un carton fait avec des racines étrangères.

M. le Président : Le public a pu s'y tromper, et croire que vous étiez breveté du roi pour votre bureau de renseignements.

Vidocq : Je ne réponds pas de toutes les bêtises qui peuvent entrer dans la tête du public. Un homme de sens ne s'y serait pas trompé, et si l'autorité m'avait donné paternellement le moindre avertissement, je me serais fait un devoir de m'y conformer.

M. le Président : Arrivons au premier fait qui vous est reproché, à la prévention d'arrestation arbitraire, de séquestration de la personne du sieur Champaix. Vous êtes prévenu de l'avoir fait guetter par vos agents, de l'avoir saisi au corps, de l'avoir conduit chez vous, de l'y avoir tenu en charte privée, les portes fermées, d'avoir visité son portefeuille, ses habillements. Qu'avez-vous à répondre ?

Vidocq : Il n'est pas besoin d'arrêter un Auvergnat pour lui faire donner des à-compte; mais on l'arrêterait dix fois avant de lui faire donner la totalité.

M. le Président : Comment les choses se sont-elles passées, suivant vous ?

Vidocq : Vous connaissez, Messieurs, cette classe trop nombreuse d'Auvergnats qui ne font d'autre métier que d'escroquer au commerce des marchandises de toute nature, qu'ils revendent immédiatement à vil prix sur les lieux mêmes, ou qu'ils vont colporter au loin ; Pierre Champaix était un de ces hommes.

Le 11 août 1842, vers huit heures du soir, je reçus la visite d'un nommé Landier, que je connaissais seulement de nom. Il venait me demander si j'avais des poursuites à faire exercer ou des recouvrements à opérer sur Pierre Champaix, offrant, disait-il, de me mettre dès le lendemain matin en présence de ce débiteur, dont le domicile était ignoré; et, dans le cas où je n'aurais aucun titre contre lui, de m'indiquer plusieurs négociants auxquels il avait escroqué des sommes considérables. Landier exigea 25 pour 100 sur toutes les sommes que Champaix paierait ou ferait payer. Landier me donna rendez-vous pour le lendemain 12 août, à sept heures du matin, au coin de la rue du Bac et du Pont-Royal, où il devait passer avec Champaix, qui serait revêtu d'une redingote de drap vert russe.

Le lendemain 12, muni des pièces, je me transportai à l'heure indiquée au lieu du rendez-vous, accompagné de Gouffé, mon premier commis, et de deux autres employés, Ulysse et Tastet.

Vers neuf heures un quart, Ulysse m'ayant fait signe que les deux individus s'approchaient, j'aperçus Champaix. Je me dirigeai vers lui; mais en ce moment un omnibus qui descendait le pont avec vitesse m'obligea de précipiter mes pas pour l'éviter. J'arrivai enfin vis-à-vis de Champaix, encore sous l'impulsion de ce mouvement de précipitation. Je l'accostai et lui posai mes mains sur ses épaules en lui disant : « Bonjour, M. Champaix; avez-vous de l'argent à donner à vos créanciers? » Un peu surpris de ma question, il me demanda qui j'étais. Quoiqu'il n'eût pas du tout besoin qu'on lui indiquât mon nom, je lui déclinai mon nom et ma qualité d'agent d'affaires, en ajoutant que j'étais chargé de recouvrements sur lui, et qu'il allait me suivre chez le commissaire de police. Il me répondit : « S'il en est ainsi, allons quelque part, nous nous arrangerons. Au surplus, puisque vous êtes porteur des pièces, allons chez vous, cela vaudra mieux. » Nous étant arrêtés à ce dernier parti, je le pris par le bras, comme il est d'usage d'en agir avec une connaissance.

Nous montâmes en voiture, Landier, Champaix, Gouffé et moi. A peine y étions-nous assis, que Champaix, placé derrière moi, me dit en pleurant qu'il était bien malheureux, qu'il allait se trouver devant des créanciers furieux qui le feraient sans doute arrêter. Je parvins à le calmer en lui promettant d'arranger cette affaire au mieux des intérêts de tous. Il me remercia en me demandant de ne pas le mettre de suite en contact avec les négociants qu'il avait escroqués. Je lui promis de nouveau mon assistance, et je devais lui tenir ce langage, dans l'espoir d'un arrangement possible.

Je fais remarquer que Champaix était si peu sous le coup d'une arrestation illégale, que, pour nous rendre du Pont-Royal à la rue de Poitiers, où nous avons pris un fiacre, nous avons dû passer devant trois postes, et qu'il s'agissait pour Champaix de dire un seul mot pour avoir à l'instant même du secours.

Quant à la séquestration, elle était impossible dans la pièce où il a passé bien volontairement la journée. La première de toutes les raisons, c'est que la porte, par suite d'un tassement de murs, ne ferme pas. Vouloir séquestrer un homme chez moi, autant vaudrait le séquestrer ici.

La pièce en question a une grande croisée qui donne sur une terrasse; devant cette croisée se trouve une cuisine très ouverte où il y a toujours du monde. A l'entrée de la maison se trouve un dentiste qui a un jardin sur la terrasse même, et sur l'étendue entière de la grande terrasse se trouvent deux ou trois cents locataires. Ajoutez à cela que mes bureaux sont ouverts toute la journée, et seulement fermés par un loquet; que la portière monte à chaque instant de la journée pour m'apporter ma correspondance. Ce jour-là les clients ont circulé comme d'habitude.

Il a donc été convenu qu'on allait s'occuper d'un arrangement, si Delaunay et Lieuvain, les véritables instigateurs des friponneries de Champaix, consentaient à payer.

Champaix attendait le retour de Landier, qu'il voulait envoyer à la recherche de Tartière, autre Auvergnat.

Dans le bureau de mes commis, dont la porte et la croisée sont restées constamment ouvertes, la première chose que fit Champaix fut de charger Landier d'aller chercher Tartière chez lui, et de l'amener.

Landier revint vers une heure sans avoir trouvé Tartière. Champaix lui donna de nouvelles indications sur les différents endroits où il pourrait le rencontrer, et le pria de nouveau d'aller à sa recherche, et de ne revenir qu'avec lui. Cette circonstance explique le long séjour de Champaix dans le bureau de mes commis, mais ne peut établir que ce séjour fût contraint, quand d'ailleurs tout prouve, ainsi que je le démontrerai, que Champaix ne se croyait pas, ne pouvait pas se croire en état d'arrestation.

Vers quatre heures, Champaix et Gouffé vinrent quelques minutes dans mon cabinet pour me communiquer les notes que ce dernier avait prises sur Delaunay et Lieuvain. Champaix me témoigna son impatience de ne pas voir revenir Landier avec Tartière, alléguant ne pouvoir rien offrir à ses créanciers sans le concours de ce dernier. Je l'engageai à se rendre lui-même au tribunal de commerce, où il les trouverait sans doute. Il ne suivit pas ce conseil, dans la double crainte de rencontrer un de ses créanciers, et de se trouver au tribunal en présence de Delaunay et Lieuvain, qui ne le croyaient plus à Paris. Mais ce qu'il n'osait pas faire lui-même, il pria Gouffé de le faire pour lui, et Gouffé fut en effet au tribunal, mais il en revint sans avoir rencontré ni Landier ni Tartière.

Enfin Landier et Tartière, si long-temps et si impatiemment attendus, arrivèrent à quatre heures un quart, n'ayant trouvé dans l'antichambre ni garçon de bureau ni agents (remarquez bien ceci) pour les annoncer. Ils vinrent directement à mon cabinet; je m'entretins quelques temps avec eux, puis Tartière me confia qu'il avait 2,200 fr. à Champaix, ce qui étonna Landier; ensuite il appela Champaix, qui vint seul et nia d'abord avoir déposé cette somme, mais il finit par l'avouer. Gouffé vint lui-même quelque temps après.

Lorsque tout fut terminé, il se retira satisfait avec ses deux amis, Tartière et Landier. Il me donna une poignée de main. En sortant il donna aussi la main à Gouffé, sur quoi celui-ci, s'adressant à tous trois, leur demanda lequel d'entre eux allait payer à dîner. Cette proposition n'eut pas de suite, et ils se retirèrent.

Le 13 août, bon nombre de créanciers de Champaix s'étaient, sur ma convocation, réunis dans mon cabinet. Ils attendirent vainement l'arrivée de leur débiteur; mais il vint le soir, et écrivit de sa main un dire approbatif, qu'il signa, des faits contenus dans une note rédigée le matin devant ses créanciers. Après en avoir pris connaissance, je dis à Champaix que c'était bien, et, sur sa déclaration qu'il était sans argent pour aller dîner, je lui donnai 5 francs; après quoi il sortit en me donnant la main, et me promettant de revenir le lendemain.

Mais Ulysse, l'agent de police, et Delvigne, avaient suivi Champaix pour découvrir sa demeure, et le lendemain 14 août, de quatre à cinq heures du matin, il fut arrêté dans une retraite qu'il avait cachée avec le plus grand soin, et que rien jusque là n'avait découverte.

Et c'est là qu'il me faut lever le voile qu'on a toujours voulu jeter sur cette affaire. Quand il s'est vu arrêté, il n'a pas manqué de dire : « Je dois mon arrestation à la lâcheté de Vidocq; il a eu de moi ce qu'il a voulu; il sait maintenant que j'avais 2,000 fr. entre les mains de Tartière. Je sais à quoi m'en tenir. »

Il dut croire, lui qui m'avait quitté la veille au soir, que je l'avais fait suivre, et que je l'avais livré à la justice; il ne put pas penser, cet homme, que j'avais dans mes bureaux, et à mon insu, un agent secret de la police qui l'avait seul traqué et dénoncé; aussi son indignation contre moi fut extrême.

Cependant il n'a pas fait de plainte contre moi, mais il s'est laissé aller aux insinuations. On lui a dit : « Vidocq vous a arrêté, Vidocq vous a séquestré. » Le coup était préparé, et d'insinuations en insinuations, il en est arrivé à faire contre moi la dénonciation que l'on désirait. Mais voyez-le bien, dans le premier moment il est dans toute sa colère; il est dans l'instant où il a été le plus froissé, où son ressentiment est le plus vigoureux, le plus violent. Il ne fait pas de plainte, il ne dit rien; ce n'est que plus tard qu'il parle; c'est que plus tard on a eu le temps de mettre un *mouton* (je sais bien, moi, comment cela se fait); on a eu le temps de mettre un *mouton* à côté de lui pour le faire parler, et il a fait son histoire.....

Mon Dieu! M. le président, je vous demande un millier de pardons; mais Champaix détenu est actuellement dans la souricière derrière mon dos, et il entend tout ce que je vous dis.

M. le Président : On ne peut pas entendre de l'autre côté de cette porte.

Vidocq : Mille pardons; je m'y connais mieux que vous; je répondrais de ne pas perdre un mot de ce qui se dit ici.

M. le président donne des ordres pour que Champaix soit descendu au dépôt du palais.

Vidocq : Champaix avait bien la conviction que je n'avais pas le droit d'arrêter quelqu'un. Il a passé devant trois postes armés, il n'a rien dit; il est resté chez moi depuis neuf heures et demie du matin jusqu'à cinq heures du soir, et il n'a rien dit.

M. le Président : Il était sous l'empire de la terreur que votre nom et votre apparition inattendue du matin lui avaient causée. Il était entouré de vos agents; il vous savait là, car il est établi que sur un coup de sonnette de vous il s'est rendu dans votre cabinet.

Vidocq : Il est venu, parce que je l'ai envoyé chercher; je ne crois pas qu'un coup de sonnette eût eu le pouvoir de lui communiquer ma pensée.

M. le Président : Vous avez déclaré que vous aviez promis à Landier de lui donner 25 pour 100 sur la somme qu'on recouvrerait s'il vous faisait rencontrer Champaix?

Vidocq : Oui, Monsieur. Landier voulait ses sûretés; il ne voulait paraître en rien; il avait de bonnes raisons pour connaître les Auvergnats, et savoir que, quand on les trahit, ils n'y regardent pas de si près à se venger par l'assassinat. Ce fut Landier qui me dit le matin à cinq heures : « Nous passerons au Pont Royal, parce que Champaix veut aller à Neuilly pour voir un tailleur qui doit lui faire des habillements. C'est là où j'ai vu Champaix, et où je me suis approché de lui.

D. Pourquoi aviez-vous disposé des agents en cet endroit, Delvigne, Tasté, Ulysse ? — *R.* Je ne leur avais pas donné d'instructions préalables; cela n'est pas dans mes habitudes. Je leur avais seulement dit : « Nous avons telle opération à faire demain. » Comme je savais que les Auvergnats n'ont jamais d'argent sur eux, qu'il faudrait faire beaucoup de courses, de pas et de démarches, je dis à Gouffé et aux autres de venir avec moi pour avoir du monde pour ces courses; et puis je ne voulais pas me tromper. Il ya plusieurs frères Champaix, qui sont tous des *faiseurs* : il y a Champaix *le Portier,* Champaix *le Squelette,* Champaix *le Saint.* Il fallait bien que je fusse sûr de mon affaire. Ulysse n'avait d'autre ordre que de me dire : « Il vient ! » Je voulais savoir si c'était bien celui contre lequel j'avais des titres.

Cet Ulysse Perrenoud, je dois le dire dès à présent, était un agent de la police qu'on avait mis près de moi pour cela. Tous les mois il recevait régulièrement sa paie pour me trahir, pour dire ce qui se passait chez moi, et je vais vous en donner la preuve.

Les plaignants dans l'intérêt desquels j'agissais avaient en moi entière confiance, et rien au monde n'aurait pu changer leur direction; c'en était assez pour donner l'éveil à la police. Cet homme, s'est-on dit, va nous échapper.

M. le Président : Vous sortez évidemment de la question.

Vidocq : Non, Monsieur; je veux montrer au tribunal comment on est arrivé à instruire contre moi. M. Ritourné, commissaire de police attaché aux délégations, a été chargé d'aller trouver tous mes clients, avec des déclarations toutes préparées. Il s'agissait, pour l'affaire qui vous occupe en ce moment, d'obtenir des renseignements sur Champaix. C'est avec ces renseignements qu'on a fait des plaintes, et c'est par suite de ces plaintes qu'on a fait arrêter Champaix.

M. le Président : Revenons à la prévention. Champaix déclare que vous l'avez fouillé.

Vidocq : C'est faux !

M. le Président : Il dit que vous lui avez déclaré que vous aviez fouillé un nommé Barba, que personne au monde n'aurait été assez hardi pour fouiller, et que vous aviez trouvé 1,000 fr. dans la garniture de son chapeau ?

Vidocq : Cela est faux !

M. le Président : Il prétend encore que vous aviez donné à vos agents l'ordre de ne pas le laisser sortir ?

Vidocq : C'est une invention.

M. le Président : Il ajoute qu'ayant éprouvé un besoin, on l'avait suivi ; un de vos agents a même déclaré que vous l'aviez blâmé d'avoir laissé sortir Champaix ?

Vidocq vivement : C'est l'agent de police qui dit cela ; il gagne sa paie. Il n'y avait rien au monde de plus facile pour Champaix que de sortir à sa volonté. Mon cabinet a toujours eu du monde pendant toute la journée. 40 clients et plus peut-être y sont venus ce jour-là.

M. le Président : Champaix déclare que c'est par vos ordres qu'il a été tenu toute la journée prisonnier ?

Vidocq : Je le nie très formellement. Je n'ai pas donné d'ordres semblables à mes agents.

M. le Président : Ces agents ont déclaré qu'à la vue de l'appareil déployé le matin, ils se dirent entre eux : « Il y a ce matin une grande opération. »

Vidocq : C'est encore Ulysse, l'agent de la préfecture, qui a dit cela ; il n'en a rien été, absolument rien. J'ai dit à Ulysse : « Rendez-vous au Pont-Royal. » C'est lui qui a donné les ordres comme il l'a entendu, et il n'aura pas manqué bien certainement d'agir conformément aux instructions qu'il avait reçues. .... *De qui ?*

M. le Président : Vous êtes prévenu d'un autre fait relatif à François Champaix et à Morin. Ce fait se serait passé au café de la rue Mandar; vous y seriez arrivé avec plusieurs agents; vous seriez entré dans ce café, vous vous y seriez nommé, et, abusant alors de la terreur qu'inspirait votre nom à ces individus, vous vous seriez fait remettre 400 fr. Comme François Champaix n'avait pas d'argent, Tartière, qui cette fois-là encore vous aurait livré Champaix (François), aurait cautionné ce dernier, et vous auriez partagé avec Tartière?

Vidocq : Il n'en est rien. J'avais été chargé par MM. Quesnay, Abadie, Savoye, Moussaint, Wild et compagnie, de différents recouvrements contre Morin et François Champaix, dont toute l'industrie consistait à acheter à crédit des marchandises, qu'ils se hâtaient ensuite d'aller colporter au loin à tous prix. Ces individus n'apparaissaient à Paris qu'à des époques assez distantes les unes des autres, et ils prenaient toujours toutes les précautions possibles pour ne pas être rencontrés par les nombreuses dupes qu'ils avaient faites.

Pour atteindre de pareils hommes, pour être instruit de leur première apparition dans la capitale, il fallait avoir quelques intelligences parmi eux. Je m'étais donc entendu avec Tartière, auquel j'avais dû promettre une prime de 25 pour 100 en cas de succès sur les sommes ou valeurs dont il me faciliterait la rentrée.

C'est à l'aide des indications de Tartière que je parvins à rejoindre Morin et François Champaix au café du Haut et Bas-Rhin, rue Mandar; mais à cette époque je n'avais pas de titre échu contre Morin; la dette seule de François Champaix était exigible; aussi c'est à lui seul que je demandai le paiement de ce qu'il devait, et c'est lui seul qui, après quelques débats, consentit à donner un à-compte de 400 francs, sauf à s'entendre plus tard pour le surplus de la dette. Comme je voulais que ce premier à-compte fût versé immédiatement, Tartière intervint, et prit l'engagement d'honneur de me verser ces 400 fr. dans la journée.

A cet égard, je dois faire observer qu'une mention au crayon rouge écrite par moi sur un dossier constate par erreur le paiement d'un à-compte de 500 fr. au lieu de 400, et que sur cette dernière somme je n'ai réellement reçu que 200 fr., Tartière n'ayant jamais pu, m'a-t-il dit, obtenir le surplus de François Champaix, et lui n'ayant pas tenu à la garantie d'honneur qu'il m'avait donnée.

D. Aviez-vous établi une surveillance autour de François Champaix et de Morin? — *R.* Oui, Monsieur, c'est vrai.

D. Dans le café de la rue Mandar? — *R.* Oui, Monsieur.

D. N'étiez-vous pas dans cette circonstance-là escorté d'agents ? — *R.* Non, Monsieur; seulement quelques uns de mes agents m'accompagnaient.

D. Ne leur avez-vous pas commandé de se placer de manière à ce qu'ils fussent bien en vue ? — *R.* Non, Monsieur.

D. Vous prétendez que c'est pour les créanciers de Pierre Champaix que vous avez exigé de l'argent de cet homme; avez-vous remis cet argent aux créanciers ? — *R.* Je n'ai pu le leur remettre, puisque j'ai été arrêté. Au reste, les créanciers ne sont pas inquiets; ils viendront, si vous le désirez, vous déclarer qu'ils sont parfaitement tranquilles.

M. le président interroge Vidocq sur l'affaire Delamarre, dans laquelle la prévention lui reproche d'avoir fabriqué un faux rapport venu d'Angleterre, et de se l'être fait payer 200 fr. Vidocq répond qu'il avait reçu du commissaire central de la ville de Rouen la mission, en effet, de faire chercher un individu inculpé d'assassinat. « Ne sachant pas l'anglais, dit-il, je chargeai un M. Costa d'écrire en Angleterre,

Au bout de quelques jours il me donna une lettre en anglais, qu'il me traduisit. Je m'aperçus aisément que cet homme n'avait d'autre but que de me tromper, de se faire donner beaucoup d'argent, et de ne rien faire du tout. Je lui dis d'en rester là, et je lui fis restituer 50 fr. sur les 100 fr. qu'il avait reçus. J'en fis part à M. Génot (le commissaire central), et je lui dis, en parlant de Costa, qu'avant toute poursuite, je lui avais fait rendre une partie de la somme que je lui avais remise; je l'avertis en même temps que, ne voulant pas qu'il fût victime de l'infidélité d'un de mes agents, je tenais à rendre les 200 fr. qu'il m'avait envoyés. Copie de cette lettre est au dossier.

M. le Président : Où sont les preuves?

Vidocq : Le dossier a été volé, et on a instruit sans dossier.

M. le Président : Qui soupçonnez-vous d'avoir volé ce dossier?

Vidocq : C'est Perrenoud (Ulysse); cela vous sera établi comme il est établi qu'il fait grand jour.

M. le Président : Votre premier commis, le sieur Gouffé, a déclaré dans l'instruction que c'est vous qui avez fabriqué le rapport qui était censé être venu de Londres.

Vidocq : M. Gouffé est là; il est libre aujourd'hui, lui, et j'en suis content pour lui. Il a dit cela étant en prison; il expliquera pourquoi et comment il l'a fait. Je m'en rapporte à sa conscience; il ne persistera pas à le dire, je ne le pense pas.

M. le Président : Vous êtes prévenu en outre de vous être fait remettre 2,500 fr. par M. le marquis Duvivier pour lui faire obtenir la croix d'honneur. (Vidocq sourit sans répondre.) Il résulte de l'instruction que vous aviez été mis en relation avec M. le marquis Duvivier par un sieur Sousquet, qui demandait pour lui non seulement la croix d'honneur, mais encore deux décorations étrangères.

Vidocq : Le sieur Sousquet me demanda si je pourrais lui acheter de ces décorations qui, comme vous le savez sans doute, se vendent publiquement et à beaux deniers comptants. Il y a même beaucoup de marchands qui vendent de cette denrée-là. Un de ces marchands-là voulait même m'en vendre une pour moi, et m'avait laissé le brevet chez moi pour me mettre en goût; mais je n'ai pas voulu tâter à sa marchandise ; je n'ai pas besoin de ces choses-là.

Les choses se passèrent ainsi :

Le sieur Sousquet s'est présenté chez moi sur ma réputation, sachant très bien à qui il s'adressait. « M. le marquis Duvivier, me dit-il, commande un bataillon de la garde nationale, qu'il a organisé, habillé et équipé à ses frais, auquel il vient de donner une musique et de concéder un champ de manœuvres. Le prince royal, en visitant nos contrées, a passé en revue ce bataillon ; il a été si satisfait de sa belle tenue, qu'il l'a témoigné à M. le marquis Duvivier en lui offrant sa protection pour la croix de la Légion-d'Honneur, pourvu qu'il en fasse la demande.

» Depuis lors, M. Duvivier fit et fit faire, par des mandataires, plusieurs demandes pour obtenir cette croix ; il n'en obtint pas même un accusé de réception. Si vous voulez vous charger de faire valoir ses droits, droits bien réels, du reste, puisqu'il est ancien officier, et qu'il a fait preuve de dévoûment au gouvernement actuel en marchant sur Lyon avec son bataillon lors de l'insurrection, rien ne coûtera à M. le marquis pour vous récompenser si vous réussissez. » Je répondis à M. Sousquet que, si les droits de M. le marquis étaient tels qu'il me le disait, si surtout le prince royal lui accordait sa bienveillance, il me semblait probable qu'on arriverait à obtenir la décoration ; qu'en conséquence je me chargerais de faire toutes les démarches nécessaires.

M. Sousquet ajouta ensuite qu'il était en outre chargé de me demander si je pouvais lui procurer quelques décorations étrangères, telles que l'Eperon-d'Or, la croix de Marie-

Christine, celle de Jérusalem, etc., etc. M. Sousquet comprenait bien que ces décorations étaient en elles-mêmes insignifiantes; mais il avait entendu dire qu'elles se vendaient à Paris, et il était persuadé qu'elles flatteraient M. le marquis, qui pouvait, au reste, se passer cette fantaisie dans sa position de fortune. Je répondis encore à M. Sousquet que cela ne me paraissait pas impossible, que je verrais à m'en occuper.

Il n'a pas été question de prix entre M. Sousquet et moi; au moins il n'en a été fixé aucun; je m'en rapportais sur ce point à M. le marquis, et il fut convenu que ce dernier ne paierait qu'après avoir été entièrement satisfait. Il fut également convenu que j'attendrais une réponse avant d'agir.

Peu de jours après je reçus une lettre datée de Latour-du-Pin, et timbrée de Lyon, portant cette suscription : *M. Vidocq, agent d'affaires, passage Vivienne, Paris.* Elle était de M. Sousquet; il m'expliquait que, ne voulant pas éveiller la curiosité du directeur de la poste de son pays par une lettre à mon adresse, il avait porté lui-même la sienne à Lyon. Il me demandait un autre nom pour m'adresser ses lettres à l'avenir. (Voilà comment sa correspondance ultérieure fut adressée au nom de *Maniez*, qui est celui de mon épouse.) Dans cette même lettre il m'envoyait des notes dont j'avais besoin, et me priait de lui faire parvenir le modèle des brevets des décorations étrangères que je pourrais lui procurer.

Je m'adressai à Romarin Lugan pour obtenir la décoration de l'Eperon-d'Or, dont je le savais chevalier; il m'assura qu'il pourrait la procurer à M. le marquis Duvivier, et entra dans quelques détails propres à me convaincre que cette décoration avait plus d'importance que je ne le croyais moi-même. Il me parla des droits qu'avait à cet égard Sertorio Corte, dont, pour mon compte, j'entendais parler pour la première fois, tant j'étais neuf en cette matière, ne m'étant jamais chargé jusque là d'acheter de pareille marchandise, ainsi qu'on a pu s'en assurer par l'examen de tous mes dossiers.

Romain Lugan me parla alors d'abondance de la décoration de l'Ordre asiatique, qu'il pouvait obtenir de la sultane Deldire, si cela convenait à mon client. « Cette sultane, me » dit Romarin Lugan, est autorisée par le roi à conférer cet » ordre asiatique, ainsi qu'au reste le brevet l'indique par » l'ampliation signée de M. le président du conseil. »

Comme on m'avait prié d'envoyer préalablement le modèle des brevets que je pourrais obtenir, je priai Romarin Lugan de me prêter les siens, et je les adressai à M. le marquis Duvivier, en prenant soin, malgré les assertions de Romarin Lugan, de le prévenir que l'Ordre asiatique était par lui-même insignifiant. J'ai peut-être ajouté que le ruban était fort joli, je l'ignore; mais à coup sûr ce n'était pas là une bien grande recommandation.

A l'égard de l'Eperon-d'Or, comme M. Sousquet en connaissait aussi bien que moi l'importance idéale, et que c'était lui qui l'avait demandé nominativement en lui donnant la qualification de *croix de Rome* ou *du Pape*, et non moi qui le lui avais offert, je n'avais aucune observation à lui adresser.

Après avoir examiné les deux brevets envoyés comme modèles, M. Sousquet m'écrivit de lui envoyer la croix de l'Eperon-d'Or et celle de la Sultane; il me recommanda en outre de faire enrichir cette dernière de brillants. Je chargeai alors Romarin Lugan de faire les démarches nécessaires pour obtenir, au nom de M. Duvivier, les brevets des deux décorations qu'il m'avait dit pouvoir obtenir, et peu de temps après il m'annonça qu'ils étaient à ma disposition.

Gouffé, auquel je remis 700 fr., reçut de moi la mission d'aller retirer le brevet de l'Eperon-d'Or. Il se rendit en conséquence avec Romarin Lugan rue de la Chaussée-d'Antin, 44, où ce dernier remit, contre ces 700 fr., le brevet en parchemin au nom de M. Duvivier.

Ce fut aussi Gouffé qui fut chargé de retirer le brevet de la sultane Deldire; il remit en échange à Romarin Lugan une somme de 500 fr.

En outre, pour indemniser Romarin Lugan des soins et des démarches qu'il avait dû faire afin d'obtenir ces deux brevets, je lui remis de la main à la main 600 fr., sur lesquels j'imputai, il est vrai, à mon profit, 200 francs qu'il me devait.

Enfin, la croix en diamants que M. Sousquet m'avait demandée fut montée chez Lemaître, rue Neuve-des-Bons-Enfants, 27, et me coûta, d'après facture, 280 fr.; la croix de l'Eperon-d'Or me coûta 40 fr.

Voilà les faits tels qu'ils se sont passés rélativement aux deux décorations étrangères. Il me reste à vous faire connaître ceux relatifs à la croix de la Légion-d'Honneur.

Ne pouvant faire personnellement les démarches nécessaires pour obtenir cette décoration, je m'adressai à M. Julien, qui consentit à s'en charger; je n'eus donc plus à m'occuper que de la rédaction des demandes, pétitions, mémoires, ce que je fis sans perdre de temps. De son côté, M. Julien, je lui dois cette justice, poursuivit avec activité les démarches dont il s'était chargé.

Le travail auquel je me livrai et les démarches de M. Julien furent si sérieux, furent si persévérants, je dirai même si efficaces, que le prince royal, dont M. Duvivier, avant de me charger de cette affaire, n'avait même pu obtenir un simple accusé de réception, lui fit annoncer par lettre *qu'il avait pris sa demande en considération*, et l'avait envoyée à M. le ministre de l'intérieur.

Quelques jours après, M. Julien est venu m'annoncer que l'ordonnance de nomination était signée, qu'elle paraîtrait incessamment dans le *Moniteur*. Je me hâtai, et cela était bien naturel, de transmettre cette bonne nouvelle à M. Sousquet; c'était pour moi un devoir de le faire; je devais le tenir au courant de tout.

M. Julien (trompé lui-même, j'en suis persuadé) m'avait induit en erreur! L'ordonnance n'avait jamais été signée; elle avait été ajournée au moment même de sa signature par suite, m'a-t-on dit, de plaintes et de dénonciations survenues au ministère contre M. le marquis Duvivier; c'est ce que m'apprit quelques jours après M. Julien. Je me hâtai encore d'en informer M. Sousquet, qui me répondit qu'il le savait déjà, et que peut-être le préfet de l'Isère n'était pas étranger à tout cela.

Lorsque le premier travail seulement était fait, M. Duvivier m'avait adressé 1,500 fr. que je lui avais retournés, parce que, d'après nos conventions, je ne devais rien recevoir avant le résultat. En outre, au reçu de la lettre par laquelle je lui annonçais que sa nomination était signée, M. le marquis Duvivier m'avait spontanément, et sans que je l'eusse provoqué, fait l'envoi d'une somme de 8,000 fr. en un mandat à vue.

Avant la réception de ce mandat, j'avais écrit à M. Sousquet pour lui faire connaître que l'ordonnance n'était pas signée, et aussitôt cette réception je lui écrivis de nouveau pour l'informer que, dans l'état des choses, je tenais le mandat à sa disposition; je finissais en le priant de m'indiquer si je devais le lui retourner tel qu'il était, ou le toucher pour lui envoyer les fonds. Plusieurs lettres furent échangées, car j'insistais pour renvoyer, et M. Duvivier me pressait de toucher et de garder, sauf à compter plus tard. Enfin M. Duvivier m'écrivit dans une dernière lettre de toucher le mandat, de lui envoyer 5,000 fr., et d'en conserver 3,000. J'exécutai cet ordre; mais je dois faire observer que dans aucune des lettres de M. Duvivier il n'était dit que ces 3,000 fr. que je gardais ainsi, en quelque sorte malgré moi, fussent acquis irrévocablement, ni qu'ils fussent le solde de ce qui était dû; c'était, dans la pensée de M. Duvivier, une provision, dont nous devions compter plus tard.

Du reste, et c'est ici le lieu de le dire, mes relations avec M. Duvivier ne devaient pas se borner à cette affaire de décorations. M. Sousquet m'avait chargé de trouver pour lui deux placements de 150,000 fr. chacun.

Placé ainsi vis-à-vis de M. le marquis Duvivier, qui devenait pour moi un excellent client, on me fera sans doute l'honneur d'admettre qu'eussé-je été un escroc de profession, j'aurais eu assez d'intelligence pour ne pas escroquer un homme avec lequel je pouvais gagner beaucoup d'argent en le servant fidèlement.

En résumé, lors de mon arrestation, j'avais reçu et conservé pour M. Duvivier . . . . 3,000 fr.

J'avais dépensé, savoir :

Brevet de l'Eperon-d'Or	700 fr.	
Celui de la sultane Deldire	500	
Prime à Romarin Lugan.	600	
Croix de l'Eperon-d'Or	40	
Croix en brillants de l'Ordre asiatique.	280	
Faux frais et ports de lettres.	50	
	2,170 fr.	2,170 fr.
J'avais donc en sus de mes déboursés. . . .		830 fr.

Tels sont les faits dans toute leur sincérité et toute leur vérité ; telles sont, Messieurs, les relations que j'ai eues avec M. le marquis Duvivier, homme fort honorable d'ailleurs, qui, s'il n'a pas la décoration qu'il désire ardemment, a au moins la satisfaction de pouvoir se dire que beaucoup la portent sans avoir, comme lui, fait d'énormes dépenses pour le bataillon de la garde nationale qu'il commande, répandu ses bienfaits sur la classe ouvrière qui l'entoure, exposé sa vie en servant sa patrie, troublé sa tranquillité et attiré sur sa tête bien des ressentiments en prenant une part active à la répression des émeutes de Lyon.

D. Vous qui savez tant de choses, vous deviez savoir que le comte Sartorio Corte, qui se disait grand commandeur et propriétaire de cet ordre, qui vendait ses croix, avait été pour ce trafic condamné comme escroc? — *R.* Je ne l'ai jamais su, je vous en donne ma parole la plus sacrée. Je ne m'occupais à cette époque que d'affaires commerciales, et peu m'importaient les condamnations correctionnelles.

D. Cependant, si on vous avait demandé des renseignements sur Sartorio, vous en auriez bien certainement donné? — *R.* Dans ce cas là j'en aurais pris, et ce qui le prouve c'est que des fournisseurs m'ont fait demander des renseignements sur son associé. J'en ai pris, et j'en ai obtenu : il ne fallait pour cela qu'un peu d'intelligence.

D. Connaissez-vous Romarin? — *R.* Oui, je le connaissais pour un tripoteur d'affaires.

D. Saviez-vous que ce Romarin avait été repris de justice? — *R.* Non, je l'ignorais. Je n'ai connu contre lui qu'une seule poursuite pour des avoines, de la paille, qu'il avait achetées soi-disant pour ses chevaux. Sur ces poursuites, les marchandises ont été remises aux fournisseurs.

D. Dans votre correspondance avec Sousquet, pourquoi avez-vous pris le nom de votre femme? — *R.* Parce que mon nom mis sur une adresse aurait été un véritable épouvantail dans une petite ville.

D. Avez-vous vu quelquefois Sousquet? — *R.* Oui, je l'ai vu deux ou trois fois.

VII. — INTERROGATOIRE DE LANDIER.

M. le président passe à l'interrogatoire de Landier. Celui-ci déclare être âgé de 32 ans, et exercer la profession de colporteur.

M. le Président : N'avez-vous pas été déjà poursuivi pour vol qualifié en 1840?

Landier : J'ai été acquitté à la chambre du conseil.

M. le Président : Vous êtes prévenu de complicité dans le fait de l'arrestation de Champaix. N'est-ce pas vous qui l'avez livré à Vidocq, sous la promesse qui vous aurait été faite par lui de vingt pour cent dans les sommes à recouvrer ?

Landier : C'est faux !

D. Il n'y a donc pas eu d'accord préalable ? — *R.* Non, Monsieur.

Vidocq : Il est venu chez moi la veille au soir, et il y est resté plusieurs heures, de nombreux témoins l'y ont vu. Il est revenu le jour même à cinq heures du matin.

M. le Président à Landier : Aviez-vous été la veille chez Vidocq ? — *R.* C'est l'avant-veille.

D. Et pourquoi faire ?— *R.* Pour lui présenter des valeurs sur un nommé Chevalier, d'Argenteuil.

D. (A Vidocq.) Est-ce vrai ?

Vidocq, levant les épaules : Il prend là un système qui est tout à fait insoutenable. Je vous ai tout à l'heure donné les explications, la seule vérité. Demandez-lui donc où demeure ce Chevalier, d'Argenteuil, et ce qu'il est ? — *R.* C'est un tailleur qui demeure à Neuilly.

Vidocq : C'est justement ce que je vous ai dit dans mon interrogatoire.

Landier : J'ai là les billets.

Vidocq : Il ne me les a donc pas remis.

Landier ajoute que c'est encore par hasard que, traversant le Pont-Royal, ils rencontrèrent Vidocq, qui, passant son bras sous celui de Champaix, lui dit : « Vous allez me suivre ; j'ai des titres contre vous. »

M. le Président : L'arrêta-t-il, oui ou non, au nom de la loi ?

Landier : Je ne sais ; mais il lui dit : « Il faut me suivre. » Il lui parlait là, vous savez, d'un *ton d'opulence,* et l'autre obéit.

VIII. — INTERROGATOIRE DE GOUFFÉ.

M. le président interroge le prévenu Gouffé. Il déclare être commis chez M. Vidocq. Il était présent à la scène du pont Royal, mais il n'était pas présent à l'arrestation elle-même; il était séparé des acteurs de la scène par un omnibus.

D. Cependant vous vous êtes approché ? — *R.* C'était mon devoir de m'approcher de mon patron.

D. Qu'avez-vous vu et entendu ? — *R.* J'ai entendu M. Vidocq qui, montrant à Champaix des papiers, lui demandait de l'argent; à quoi Champaix répondait : « Je n'en ai pas, mais on peut s'arranger. »

D. Vidocq a-t-il saisi Champaix au corps ? — *R.* Non, Monsieur; il a passé son bras sous le sien, et ils sont partis ensemble. M. Vidocq lui donnait le bras, comme on dit, en ami.

D. Champaix, arrivé au domicile de Vidocq, n'a-t-il pas demandé à déjeuner ? — *R.* Oui, Monsieur, et on lui a fait monter du café.

D. Vous étiez chargé de séquestrer Champaix ? — *R.* Champaix n'a pas pu être séquestré par moi, par l'excellente raison qu'il est impossible de séquestrer personne dans ce bureau, qui est en vue de tous les voisins, et dans lequel est une porte qui, par suite du tassement du mur, ne ferme pas du tout.

D. N'avez-vous pas été chargé d'accompagner Champaix jusqu'aux lieux d'aisances, de crainte qu'il ne se sauvât? — *R.* Je ne l'ai pas conduit, mais je l'ai fait conduire, parce que sans cela il n'aurait pas trouvé l'endroit dans le dédale qu'il fallait traverser pour y arriver. Il y a bien dans le corridor quarante ou cinquante portes : il n'aurait jamais trouvé la bonne.

D. Pourquoi a-t-on été attendre Champaix sur la voie publique ? — *R.* C'est qu'il est impossible de jamais rencontrer ces gens-là chez eux ; ils n'ont pas de domicile, et quand on veut les joindre, il faut bien les attendre sur la voie publique. Ils n'ont jamais leurs bagages, leurs équipages à Paris; ils en ont, mais ils sont dans les environs, soit à Chartres, soit à Fontainebleau; ils n'ont jamais rien avec eux de saisissable. C'est Landier qui est venu avertir M. Vidocq, c'est lui qui a été l'indicateur.

Vidocq : Voulez-vous demander à Gouffé ce qu'a dit Champaix au moment même où je l'abordai ?

Gouffé : Il a dit : « Je suis vraiment content de vous rencontrer ; si j'avais osé, j'aurais été chez vous vous trouver. »

Le prévenu Gouffé prétend qu'il ne sait rien de ce qui s'est passé dans la journée de l'arrestation de Champaix. Il a été absent une grande partie de cette journée-là. « Je suis, dit-il, presque toujours obligé d'aller au dehors chez les notaires, les avoués, les avocats, les huissiers, pour le service des clients. »

M. le Président : Vous avez déclaré dans l'instruction que le prétendu rapport venu d'Angleterre et envoyé à Génot avait été fabriqué par Vidocq lui même.

Gouffé : J'ai bien pu dire quelque chose comme cela, mais le fait est que je ne sais rien de bien positif à cet égard. C'est moi, voilà ce que je sais bien, qui ai fait la copie du rapport.

M. l'Avocat du roi : Nous avons au dossier les déclarations bien positives de Gouffé devant M. le juge d'instruction.

Gouffé : M. Vidocq m'a dit que le rapport venait de Londres, et qu'on l'avait trompé dans ce rapport; qu'on n'y parlait que d'un Français qu'on avait remarqué, parce qu'il n'avait pas l'air très communicatif, et qui était allé à Birmingham.

M. le Président : En 1838, n'avez-vous pas été arrêté et poursuivi, sur la plainte de Vidocq ?

Gouffé : Oui. Depuis, il y a eu entre nous une réconciliation entière et complète. Si dans l'affaire Génot j'ai fait une déposition contre lui, c'est que je croyais avoir à m'en plaindre ; ainsi que de madame. Je faisais fréquemment des absences de six à huit jours; par conséquent mon témoignage n'avait pas de portée.

Le prévenu déclare avoir assisté aussi à l'affaire du café de la rue Mandar. C'était Tartière qui, dans cette affaire, était encore l'indicateur contre Champaix et Morin. On est monté non dans un cabinet, mais dans une salle au premier. Champaix (François) n'avait pas d'argent, Tartière a répondu pour lui : Champaix a payé.

D. Comment savez-vous que Tartière était l'indicateur ?

R. Je le présume. Les préliminaires de l'affaire ont eu lieu dans le cabinet de M. Vidocq, et celui ci est peu communicatif de son naturel; quand on a affaire à lui, il faut entendre vite, recevoir ses ordres, et s'en aller.

IX. — AUDITION DE LA PARTIE CIVILE.

Pierre Champaix est entendu. Il est en état d'arrestation à raison même des escroqueries qui motivaient l'intervention de Vidocq. Le témoin raconte les faits dans le sens même de la prévention; il déclare qu'au moment où il montait au pont Royal, Vidocq le saisit à pleines mains par la redingote, et lui montra des billets signés de lui. « Je voulus, dit le témoin, être conduit chez M. le procureur du roi; mais Vidocq dit : Le procureur du roi n'a rien à voir là dedans ; » c'est à moi que vous avez affaire. » Il me conduisit chez lui, passage Vivienne, et quand j'y fus arrivé il me fit remettre tout ce que j'avais sur moi; ce fut lui même qui me fouilla. « Vous connaissez, dit-il en me fouillant, l'histoire » du fameux Barba ; c'était un malin, celui-là, et que per» sonne n'avait osé approcher ; je trouvai 1,000 fr. dans le » cuir de son chapeau; c'est là la cachette ordinaire, c'est » connu, c'est vieux. » Ne trouvant rien, il dit : « Il faut que » Tartière vienne. » Il me fit ramener dans la chambre, où je demandai à déjeuner On fit monter un garçon de café, et puis après on me fit signer trois papiers en blanc. Dans la journée, je voulus aller aux lieux d'aisances; alors Gouffé, le premier commis, dit à un des agents : « Suivez-le, ne le » quittez pas. » L'agent répondit : « On y veillera, et d'ail- » leurs il ne se sauverait pas bien loin. » Comme Tartière n'avait pas les fonds, on lui fit signer une reconnaissance au nom de Gouffé. »

M. le Président : Vous dites que vous avez été pris au corps par Vidocq : comment n'avez-vous pas appelé ? comment n'avez-vous rien dit alors que vous êtes passé devant plusieurs postes où vous auriez pu avoir du secours ?

Champaix : J'avais vu que Vidocq était porteur de mes billets; je croyais en bonne conscience qu'il avait le droit de m'arrêter.

D. Quand vous êtes arrivé chez Vidocq, a-t-on fermé la porte ? — *R.* On n'a pas fermé la porte à clef.

D. Vous a-t-on empêché de sortir ? — *R.* Je ne l'ai pas essayé ; les agents étaient là ; l'un d'eux a dit : « Ne tâchez pas de vous en aller, vous n'iriez pas bien loin. » Je déclare que Vidocq n'a pas usé de violence matérielle à mon égard; mais d'après son nom que j'étais habitué à le redouter depuis vingt ans; j'ai cru qu'il avait réellement le droit de m'arrêter, et je n'ai fait nulle résistance, nulle tentative d'évasion.

X. — AUDITION DES TÉMOINS A CHARGE.

Le premier témoin entendu est le sieur *Perrenoud*, dit *Ulysse*, âgé de vingt-six ans, ancien employé. Il déclare avoir été chargé spécialement chez Vidocq, pendant le temps qu'il y est resté, à faire ce qu'on appelle le *coup du sac*.

M. le Président : Qu'entend on par *coup du sac ?*

Perrenoud : C'est une manière pour donner des renseignements aux commerçants. On se présente dans l'endroit où l'on pense qu'un *faiseur*, qu'un *briseur* (un escroc) se cache ; on se présente avec un sac d'argent et une bourriche de gibier, en costume de conducteur de diligence, et on demande le quidam. Quelquefois il donne dans le piége, et on a ainsi son adresse.

M. le Président : Qu'avez-vous fait le 12 août ?

Perrenoud : Landier, qui était venu la veille au soir au bureau, y revint le 12, à cinq heures du matin. Il me dit d'annoncer l'*Auverpin* (Auvergnat). M. Vidocq dit : Faites entrer. L'Auverpin resta quelque temps dans le cabinet, et quand il fut sorti, M. Vidocq me dit d'aller prévenir Gouffé de se rendre de suite au bureau. A mon retour, M. Vidocq me chargea d'aller avec les autres agents au pont Royal ; je m'y rendis avec Tasté, et à notre arrivée nous y vîmes Vidocq et Gouffé. Vidocq faisait signe de la main de ne pas lui parler. Quelques instants après il me dit : « Suivez-moi ! Connaîtriez-vous l'*Auverpin ?* — Celui d'hier ? — Oui, celui d'hier. — Bien sûr que oui. — Si vous le voyez arriver, rabattez sur moi, et ne me parlez pas. »

Je restai là une demi-heure, trois quarts d'heure, en expectative. Voyant l'homme arriver, je remontai la rue vers l'endroit où m'attendait M. Vidocq.

Celui-ci s'avança vers l'homme qui était avec l'*Auverpin* et le prit sous son bras. Ils marchèrent ainsi sur le quai très lentement, et je ne remarquai aucune contrainte. Ils prirent une voiture, et nous revînmes au bureau avec l'homme. M. Vidocq me dit de ne pas laisser sortir l'homme s'il voulait sortir. Il dit la même chose aux autres agents, qui étaient tous là. Ordinairement, en effet, ils partaient tous pour aller aux renseignements, et ce jour là, par ordre, ils étaient restés tous au bureau. C'est moi qui ai été chargé de conduire Champaix aux lieux d'aisances et de veiller à ce qu'il ne s'échappât pas.

J'ai ensuite été chargé d'aller avertir les créanciers de Champaix qu'on avait découvert son adresse. J'avais ordre de ne pas leur dire que Champaix était à la maison. En revenant le soir de cette course, je trouvai encore Champaix dans le bureau.

J'oubliais de vous dire qu'en montant aux lieux d'aisances Champaix pleurait beaucoup; il disait « Oh ! que je suis » donc malheureux ! il veut me livrer à la police, il m'en » menace; croyez-vous qu'il tiendra sa parole ? » Comme j'avais ma curiosité, et que je voulais en savoir plus long, je lui demandai ce qu'il craignait si fort. Il me répondit : « Je » suis un homme perdu, et cependant je ne suis pas aussi » coupable que ceux qui m'ont poussé dans ces affaires-là. » Il ajouta : « Savez-vous si Vidocq doit ainsi me garder long- » temps? » Il ajouta qu'il n'avait pas mangé de la journée et qu'il avait faim. J'allai en prévenir M. Vidocq, qui me dit : « On peut lui envoyer chercher quelque chose..... s'il a de » l'argent. »

J'allai faire part de cette réponse à Champaix, qui me dit qu'il n'avait pas d'argent. M. Vidocq, à qui je reportai la réponse de Champaix, dit alors : « Eh bien, qu'il attende; » j'attends mes clients, il s'en ira après. »

Tartière est arrivé sur ces entrefaites, et il y a eu une bien vive explication, et si vive, que je fermai les fenêtres pour qu'on n'entendît pas du dehors.

Un quart d'heure après la sortie de Tartière, Gouffé sortit avec Champaix, qui paraissait alors bien d'accord, si bien que quelqu'un dit : « Est-ce vous qui payez à dîner ce » soir ? » Je n'ai pas entendu la réponse. »

M. le Président : N'avez-vous pas recueilli un mot assez significatif de Vidocq après l'arrestation de Champaix?

Le témoin : Oui, j'ai entendu Vidocq qui, dans la joie du triomphe, disait : « Avez-vous vu comme je l'ai *proprement emballé* celui-là ! »

D. Quand Vidocq vous a envoyé chez Tartière, ne vous a-t-il pas dit : « Allez vite; la liberté cet homme là en dépend. » — *R.* Oui, Monsieur, il m'a dit : « Dépêchez-vous, allez vite; la liberté de cet homme là dépend de votre promptitude. »

Le témoin rend ensuite compte de l'affaire de la rue Mandar, où il a joué un rôle avec les autres agents. C'est Tartière, dit-il, qui devait livrer François Champaix et Morin. Vidocq m'avait dit : « Vous allez *filer* (suivre) Tartière ; quand vous le verrez mettre sa main à plat derrière son dos, ce sera un indice de ne pas s'éloigner ; quand vous le verrez entrer avec quelqu'un dans une maison ou établissement public, alors vous viendrez me prévenir. Ayant vu le signal, je suivis Tartière, qui entra dans un cabaret de la rue Coq-Héron. Il en sortit quelques instants après, et me dit : « Nous sommes là pour quelque temps, avez-vous de l'argent pour déjeuner ? » Je lui dis que oui. — C'est moi qui paie, reprit-il, allez déjeuner. J'allai donc déjeuner avec mon camarade, et une demi-heure après Tartière sortit avec deux personnes et alla dans le café de la rue Mandar. J'allai avertir M. Vidocq, qui arriva avec Gouffé.

Le témoin déclare qu'il n'a rien vu de ce qui s'est passé à l'intérieur. Il avait reçu ordre de se tenir avec les autres à l'extérieur, mais de manière à faire groupe et à être remarqués de l'intérieur par ceux qui s'y trouvaient.

M. le Président : Vidocq, qui sent la gravité de votre déposition, a prétendu que vous étiez un agent de la préfecture de police aposté près de lui pour le surveiller.

Le témoin : Ce n'est pas d'aujourd'ui que je puis penser cela ; il y a cinq mois que je suis l'objet de la surveillance la plus active de la part des agents de Vidocq. Je ne puis aller nulle part sans être suivi par eux. Je m'en suis aperçu dès les premiers moments; quand j'ai vu qu'on m'avait en méfiance, j'ai pris plaisir à faire continuer cette surveillance fort maladroite d'ailleurs. J'ai fait bien peu de temps ce métier-là, mais j'en revendrais à ces gens-là. J'ai vu tout de suite qu'ils n'y connaissaient rien.

D. Que faites-vous en ce moment ? — *R.* Je suis à la maison ; je travaille, je fais un peu de brocante dans les montres. Je fais des affaires particulières ; j'en ai fait une, il y a quelque temps, qui m'a donné 500 fr., et ça m'a aidé à vivre.

D. Ainsi vous niez être attaché à la préfecture de police ? — *R.* Je le nie positivement. Ce qui l'a fait dire, c'est que je me plaisais à induire en erreur sur mes démarches ceux qui étaient chargés de me surveiller. J'entrais tout exprès à la préfecture par le quai de l'Horloge, et j'en sortais par le quai des Orfèvres. Je courais ensuite au Pont-Neuf, et je voyais de là mes espions qui m'attendaient à la porte par laquelle j'étais d'abord entré.

M. Legonidec, le juge d'instruction, m'a chargé aussi dans l'instruction de prendre quelques renseignements, et je m'en suis chargé avec toute la bonne volonté possible, et je les lui ai donnés.

Me Jules Favre : Champaix a été arrêté deux jours après par les agents de police : le témoin peut-il nous dire sur quelles indications ?

Perrenoud : Si j'avais l'autorisation de demander cela à M. le préfet de police, je pourrais peut-être répondre à votre question.

Me Jules Favre : Le témoin ne répond pas catégoriquement, il s'enveloppe dans des réticences....

Perrenoud : Il n'y a pas là de réticences ; cela veut dire tout simplement que, ne sachant pas ce que vous me demandez, il m'est impossible de répondre à votre question.

Vidocq : Le témoin vient de vous dire tout à l'heure qu'il avait fait une affaire de 500 fr., c'en est bien assez pour prouver qu'il était agent de police. Au reste, que Gouffé le dise, il est bien à sa connaissance qu'Ulysse était agent de police.

M. le Président : Etiez-vous agent de police quand vous êtes entré chez Vidocq ?

Perrenoud : Non, Monsieur.

M. le Président : L'étiez-vous lorsque vous êtes sorti de chez lui ? — Pas de réponse.

Perrenoud : Avant d'entrer chez Vidocq, j'étais voyageur de commerce ; voyez plutôt mon passe-port.

Vidocq : Un passe-port! dites donc ça à ces messieurs ; mais à moi !.... Qu'est-ce que cela prouve un passe-port ? Est-ce que j'en ai jamais manqué ? Est-ce que je n'en avais pas plein mes poches ?

Perrenoud : Oui ; mais avec les *visa* de Hollande, de Belgique, de Baden, etc.

Vidocq : Enfant ! qu'est-ce que c'est qu'un passe-port à l'étranger sans *visa ?*

Me Jules Favre : Le témoin a dit qu'il s'était amusé aux dépens des agents de Vidocq. Je désirerais savoir s'il a poussé la plaisanterie plus loin, et s'il a été jusqu'à dire à différentes personnes qu'il était employé à la préfecture de police, et qu'il était entré chez Vidocq avec la mission spéciale de le surveiller, de décacheter ses lettres, de lui voler ses papiers. A-t-il dit cela ?

Perrenoud, en riant : Jamais, jamais. Mais je sais bien ce que vous voulez dire. Ils le savent bien aussi tous ces témoins qui vont déposer et qui étaient chargés de ma surveillance ; ils venaient m'aborder pour me faire parler ; ils me disaient : « Vous avez été chez Vidocq, vous avez été ici, vous avez été là. » Je ne disais pas : J'ai été ceci ou cela, je les laissais discourir, je leur disais : *Vous battez bien les autres, mais vous n'engrènerez pas* (vous interrogez bien, mais on ne vous répondra pas).

Tasté, Lion et Delvigne, autres agents de Vidocq, déposent des faits déjà connus en ce qui touche Champaix, son arrestation et son séjour chez Vidocq, et l'affaire de la rue Mandar.

M. l'Avocat du roi : Le tribunal ne juge-t-il pas à propos de demander à Delvigne des renseignements sur les faits généraux ?

Delvigne : J'ai été chargé par M. Vidocq de m'installer à Charenton-Saint-Maurice chez une dame. Je devais tâcher de trouver un logement dans sa maison et d'obtenir sa confiance, afin de tâcher de lui soustraire des papiers qu'elle devait envoyer à un monsieur de Versailles.

M. le Président : Vidocq, qu'avez-vous à dire ?

Vidocq : Rien de plus simple. La mère d'une dame Guérin demeurait à Charenton ; elle avait une fille qui était retirée à Versailles. Ce n'était pas chez la mère que Delvigne devait s'installer, mais chez sa propriétaire. Il s'agissait de savoir si des objets soustraits à son mari par la dame Guérin n'avaient pas été recélés par sa mère. J'avais chargé à cet effet Delvigne de voir s'il n'y avait pas un logement dans la maison, afin de retrouver, s'il était possible, les objets volés.

M. l'Avocat du roi : Il s'agissait, d'après le témoin, de gagner la confiance de la mère et de lui soustraire des lettres.

Vidocq : Il suffit d'entendre M. Guérin. Sa femme avait fui le domicile conjugal, et avait emporté beaucoup d'objets mobiliers ; il s'agissait de les retrouver. J'en avais chargé Delvigne, qui n'a rien fait de bien ; il s'est enivré.

Delvigne relève fièrement la tête comme si son indignation allait éclater, mais il ne dit pas un mot.

MM. Augé, Desrues, Tempier, Duroy, et la dame Violette, habitants de la rue du Bac ou lieux circonvoisins, rendent compte de l'arrestation, qui n'avait rien de violent et qu'ils ont crue parfaitement légale.

Une dame Lasalle raconte qu'en 1839, à la sortie du théâtre Ventadour, elle a été entourée par trois ou quatre hommes qui l'ont jetée dans un fiacre ; qu'elle a été menée chez sa créancière ; qu'elle a été détenue jusqu'au lendemain matin, et qu'elle n'est sortie qu'en signant un effet de 500 fr., dans lesquels on a fait entrer les frais de son arrestation pour 60 fr. — Sa fille dépose dans les mêmes termes.

Deux agents d'affaires, Tholosé et Rose, sont intervenus pour faire rendre la liberté à la dame Lasalle, qui, du reste, devait bien réellement la somme réclamée.

Vidocq : On m'a demandé deux agents pour savoir où irait coucher la femme Lasalle, qui allait au théâtre Ventadour. Je ne les ai donnés que pour cela. S'ils ont coopéré à une arrestation, ils ont outrepassé leur mandat.

Du reste, j'ai su que la femme Lasalle avait demandé à passer la nuit chez la dame Grentias plutôt que de se voir conduite chez le commissaire de police.

Le témoin *Grant*, ex-employé de Vidocq, reconnaît avoir écrit, sous la dictée de celui-ci, deux lettres anonymes au préfet de police pour lui signaler les escroqueries d'un sieur Howelt. Vidocq avoue ce fait : il a voulu rendre un service, et s'il ne s'est pas nommé, ça été pour ne pas figurer comme témoin dans une affaire correctionnelle. Du reste, les faits étaient vrais et ont tous été judiciairement vérifiés.

Mme *Herbelot*, 56 ans, couturière, avait offert à M. Martin une partie de fils venus en contrebande. Vidocq les aurait arrêtés de sa propre autorité, entre les mains de ce commissionnaire, comme volés; de plus, il l'aurait forcé de lui remettre certaines glaces de Bohême, également introduites en fraude.

Vidocq : Le chef de la maison est M. Herbelot, le mari de Madame; il a ses raisons pour ne pas paraître ici, il pourrait y faire de fâcheuses rencontres. Cet homme et sa femme tenaient à Paris une fausse maison de commission; ils achetaient en province à terme, et revendaient à Paris au comptant. Tout leur était bon.

Madame ne vous dit pas tout; je leur ai fait rendre bien d'autres choses, ma foi! entre autres une pleine voiture de harengs saurs, une autre de fécule. Leurs glaces prétendues de Bohême se font à Strasbourg; leurs fils prétendus introduits en fraude viennent de Lisieux. Seulement, cela était acheté à crédit et revendu à 50 p. 100 de perte; voilà où était la fraude de ces industriels là. J'en ai démasqué 20,000, et c'est pour cela que je suis ici!

Sousquet, débitant de tabac à la Tour-du-Pin (Isère):

En octobre 1841, je fus chargé par M. Duvivier de faire pour lui au ministère de la guerre la recherche de ses états de services, qu'il y avait déposés depuis long-temps, comme aussi de poursuivre ses réclamations au sujet de la décoration de la Légion-d'Honneur, qu'il avait instamment sollicitée. Je me trouvai comme perdu dans Paris, ne sachant à qui m'adresser, lorsque je fis la rencontre d'un jeune homme à qui je contai mon embarras, et qui me dit: « Vous resteriez bien ici deux ou trois mois sans pouvoir réussir, si vous ne vous adressez pas à des maisons qui se chargent spécialement de ces sortes de recherches. — Je n'en connais pas, lui dis-je. — Ni moi non plus; mais adressez-vous au premier cocher de fiacre ou au premier commissionnaire, et il vous indiquera tout de suite votre affaire. »

J'en parlai en effet à un commissionnaire de l'hôtel où j'étais logé, qui ne demanda pas mieux que de me renseigner. Toutefois, nous avions déjà, je crois, traversé tout Paris sans être plus avancé, lorsque enfin il me fit arrêter rue Vivienne, devant une maison où je montai. Je trouvai Monsieur (il désigne Vidocq); il était au milieu de plusieurs personnes, et il me demanda quel était le motif de ma visite. Je lui fis connaître alors quel était M. Duvivier. Je lui dis que c'était un ancien commandant de la garde nationale, et qu'il faisait beaucoup de dépense et de bien au pays. Je lui parlai des recherches qu'il voulait faire faire au ministère de la guerre, comme aussi des démarches qu'il voulait tenter pour obtenir la décoration de la Légion-d'Honneur. « Il suffit; je ferai les recherches pour retirer les états de services de ce Monsieur; je ferai aussi les démarches pour lui obtenir la décoration, s'il y a droit. — Il voudrait bien encore avoir une décoration d'Espagne. — Ah! dans ce moment-ci, l'Espagne est en révolution; il y a beaucoup de mouvement; ce sera bien plus difficile; cependant je ferai tout ce que je pourrai. — Quel prix demandez-vous? — Ces sortes de choses n'ont pas de prix; vous sentez qu'il y a quelques dépenses à faire; j'estime pourtant que, pour obtenir ces deux décorations, ce devra être une affaire de 12 à 14,000 fr. »

J'écrivis aussitôt à M. Duvivier, qui me répondit qu'il donnerait bien 15,000 fr. pour obtenir ces décorations, pourvu, bien entendu, qu'elles fussent sanctionnées par des ordonnances royales.

J'allai revoir M. Vidocq, qui me dit qu'il serait bon de lui donner quelques avances; au surplus, il se chargea d'écrire à M. Duvivier pour avoir les renseignements dont il pourrait avoir besoin. En effet, sur les recommandations de M. Vidocq, M. Duvivier fit une demande signée par les personnes les plus notables de la garde nationale du pays, puis une pétition qu'il adressa à Mgr. le duc d'Orléans. Il reçut une réponse du prince, qui lui mandait qu'on avait pris sa pétition en considération, et qu'elle avait été envoyée à qui de droit; puis une autre réponse du préfet, qui lui donnait les meilleures espérances, de façon que M. Duvivier était fort content de la tournure que prenaient les choses.

C'est alors que ces Messieurs de Paris lui envoyèrent deux brevets: l'un en latin, c'était un brevet romain, et l'autre en français. M. Duvivier leur écrivit pour savoir ce que ces brevets voulaient dire. Il lui fut répondu que le second, qui n'avait pas été demandé, il est vrai, était assez insignifiant par lui-même; mais cependant qu'on était sûr qu'il ferait plaisir à M. Duvivier; c'était un brevet de la sultane d'Eldire; on ne manquait pas de lui promettre qu'on lui enverrait plus tard le brevet de la Légion-d'Honneur.

M. l'Avocat du roi : Vous rappelez-vous ce qu'on disait à propos du brevet de la sultane? — R. On disait qu'il donnait droit de porter un ruban vert moiré fort joli, et qui faisait bon effet à la boutonnière.

Quelque temps après, M. Duvivier, lassé de ne pas voir arriver le brevet de la Légion-d'Honneur, écrivit à Paris qu'il croyait que les choses iraient plus rapidement. Enfin on lui répond, vers la fin de mars, que le brevet de la Légion-d'Honneur vient enfin d'être obtenu, et que mention en sera faite sous trois jours dans le *Moniteur*. M. Duvivier est enchanté, et envoie un billet de 8,000 fr.

Cependant l'ordonnance ne parut pas; mais en place arriva une lettre de ces Messieurs, dans laquelle ils se plaignaient que des choses plus fortes qu'eux avaient suspendu l'expédition de l'ordonnance. Ils offraient, au surplus, de renvoyer le billet de 8,000 fr., qui était encore intact. Je pressai M. Duvivier d'accepter; mais il me dit : « Je veux attendre encore, écrivez-leur qu'ils gardent 3,000 fr., et qu'ils renvoient le reste. » J'écrivis dans ce sens, et ces Messieurs renvoyèrent les 5,000 fr. en un effet sur un riche banquier de Lyon.

Peu de temps après arriva la mort de M. le duc d'Orléans. Ces Messieurs écrivirent qu'ils venaient de perdre leur protecteur, et que, pour le moment, il ne fallait plus songer à s'occuper de cette affaire; enfin, tout en engageant M. Duvivier à prendre patience, ils lui renvoyèrent encore 1,500 francs. Moi je lui conseillais de renvoyer les deux brevets qu'il avait déjà reçus, engageant ces Messieurs, qui ne paraissaient plus avoir de crédit, à lui faire passer leurs comptes pour savoir à quoi s'en tenir sur leurs déboursés.

D. Ce n'était pas le nom de Vidocq qui figurait dans les lettres qu'il écrivait à Duvivier? — *R.* Les lettres qu'on lui envoyait n'étaient pas signées.

Vidocq : J'avais indiqué dans la première qu'on eût à me

les adresser sous le nom de Mme Maniez, 13, rue Vivienne; cela était bien suffisant.

D. A l'époque où l'ordonnance du brevet devait paraître dans *le Moniteur*, n'a-t-on pas fait connaître à Duvivier que ce qui avait pu s'y opposer, c'étaient des dénonciations qui avaient été faites contre lui? — *R.* Oui, mais ces lettres dénonciatrices étaient sans fondement.

D. Que devinrent les brevets? — *R.* Nous les mîmes à la poste. M. Duvivier ne le voulait pas d'abord; je lui disais pourtant : « Que voulez-vous en faire ? Il faut les renvoyer à la maison Maniez pour qu'ils les fassent autoriser ou pour qu'ils rendent l'argent ».

D. Au fait, Duvivier a perdu 2,500 fr.? — *R.* Sans doute; il m'a dit : « Que voulez-vous ? ils ont fait ce qu'ils ont pu, ce n'est pas de leur faute si j'ai été dénoncé ». Il désire beaucoup la décoration de la Légion d'Honneur, il a fait des dépenses énormes pour l'obtenir. Toute la famille est décorée; il y tient.

Vidocq : Je soutiens que les brevets ne m'ont jamais été renvoyés.

M. le Président, au témoin : Dites que vous ne les avez pas renvoyés, si cela est vrai.

Le témoin : J'ai mis de l'insistance, et à deux fois, à les renvoyer quelque temps après la mort du duc d'Orléans.

D. Connaissiez-vous Vidocq quand vous êtes allé chez lui? — *R.* Non. Moi je suis de la province; je ne le connaissais pas.

Me Jules Favre : Il n'y a pourtant qu'une porte d'entrée, et le nom de Vidocq y était écrit en grosses lettres.

M. le Président : Vidocq prétend s'être fait connaître à vous.

Le témoin : Je ne me le rappelle pas.

Vidocq : Il me connaissait très bien; il a lu mes Mémoires, il me l'a dit. Je n'ai pas fait de mensonge depuis le commencement de ces débats, et je ne veux pas en faire. Quant à la demande de la décoration de la Légion-d'Honneur, il est vrai que M. Duvivier a reçu du cabinet du duc d'Orléans une lettre favorable, apostillée de la main du prince. Il y avait jalousie entre le préfet et M. Duvivier, il y a eu dénonciation, notes mauvaises.... Quant à la décoration de l'Eperon-d'Or, j'avais d'abord envoyé un modèle; j'ai écrit à M. Duvivier : « Voilà l'échantillon. » Il m'a répondu : « Ça me convient comme ça. » Je ne puis pas vous faire autoriser à porter une décoration qui n'est pas autorisée en France. J'ai fait, au surplus, tout ce qu'on m'a demandé, et je n'ai pu faire autre chose. On a vainement cherché pendant longtemps les états de service de M. Duvivier; moi je les ai trouvés. J'ai fait preuve tout au moins, et vous en conviendrez, de zèle et d'intelligence.

M. l'Avocat du roi: Le point le plus important, c'est que vous avez dit que l'ordonnance était rendue.

Vidocq : Julien m'avait annoncé que l'ordonnance allait paraître dans *le Moniteur;* alors j'ai écrit qu'elle allait paraître. Est-ce ma faute si des démarches ont été faites par quelqu'un au ministère pour arrêter la délivrance du brevet?

M. l'Avocat du roi : Lors de l'instruction, vous n'avez pas voulu donner d'explication à ce sujet.

Vidocq : A cette époque, j'étais très malade. J'avais subi un interrogatoire de plusieurs heures; aussitôt rentré dans ma prison, j'écrivis tous le détails de cette affaire, et les envoyai à M. le juge d'instruction.

M. l'Avocat du roi au témoin : Persistez-vous à dire que vous ne connaissiez pas Vidocq en allant chez lui?

Le témoin : Je persiste.

Vidocq : Cependant à cette époque l'enseigne n'était pas encore descellée.

M. Mercier, 62 ans, grand chancelier de l'ordre de la sultane Haïdé, inventé par madame son épouse, déclare que cet ordre se donne aux membres d'une société littéraire. C'est un ruban vert avec un pélican en vermeil. Sa femme est fondatrice de cet ordre, comme ayant été ramenée d'Orient en France par le grand homme. Cet ordre ne s'accorde qu'après un mûr examen des titres des candidats. Seulement on paie de bienvenue la bagatelle de 150 fr. S'il avait su que Vidocq fût l'intermédiaire, M. le marquis ne l'aurait pas obtenu.

Vidocq : Allons donc ! à d'autres ! Votre ordre se vend par douzaine. Je connais une multitude de flibustiers qui ne portent pas autre chose.

M. Mercier : Cela se donne et ne se vend pas.

Vidocq : Oui, moyennant finance ; vous ne vivez pas d'autre chose.

Le témoin déclare avoir pris des renseignements sur M. Duvivier avant de l'admettre dans l'ordre, comme cela se pratique toutes les fois qu'il s'agit d'un nouveau récipiendaire.

Vidocq : Monsieur ne pourrait indiquer à qui il a demandé ces renseignements. Cette formalité est au surplus assez inutile. Je répète que ça se vend à la douzaine.

M. l'Avocat du roi : Cela ne vous justifie pas d'avoir envoyé le brevet, au contraire.

Vidocq : Pardon, monsieur, j'ai seulement depuis que je suis en prison eu des renseignements sur M. Mercier et sur madame la sultane ; je sais qu'ils vendaient ces décorations à qui en voulait.

M. Lugan-Romarin : Avant de répondre aux questions que le tribunal pourra m'adresser, je le prie de vouloir bien me permettre une observation.

M. le Président : Dites d'abord vos noms et prénoms.

Le témoin : Jean-Baptiste Romarin-Lugan, ancien militaire, demeurant à Nanterre.

M. le Président : Maintenant vous êtes libre de présenter votre observation.

Lugan-Romarin : On a dit que j'étais un repris de justice. C'est une erreur.

M. le Président : Vous avez été condamné à un an de prison par le tribunal de Montpellier.

M. Lugan-Romarin : Non, M. le président. Il m'importe de rétablir les faits tels qu'ils sont : je m'étais opposé à l'arrestation d'un de mes amis, poursuivi pour dettes ; on m'avait pour ce fait condamné à un an de prison en effet ; mais j'en ai appelé, la Cour a réduit la peine à six mois, et depuis j'ai été gracié.

Vidocq me demanda si je voulais me charger d'obtenir pour un tiers le brevet de l'Eperon-d'Or ; j'y consentis. Il m'envoya un de ses amis avec l'argent, et j'en délivrai le brevet contre 750 fr. qu'il me remit. Il en fut de même pour l'Ordre de la Sultane ; j'ai remis en échange 150 f. Je suis moi-même chevalier de l'Eperon-d'Or, je l'ai acheté 400 fr. à Sartorio ; je donnerais bien mon brevet pour quatre cigares. (On rit.)

Vidocq : Lugan-Romarin se trompe, je lui ai payé la somme de 400 fr.

Lugan : J'ai remis le sac intact, lié et cacheté ; on m'avait dit qu'il y avait 150 fr.

Vidocq , riant : Alors j'aurais été volé en route ; ce n'est pas la première fois, je vous prie de le croire.

Le témoin Mercier, rappelé, déclare qu'on lui a remis 150 fr., et qu'il n'y avait pas de sac.

M. Larrivée a été l'intermédiaire entre Vidocq et une personne qui désirait la croix de l'Eperon-d'Or. Cette personne refusa le brevet, parce qu'il n'était pas signé du Saint-Père, mais seulement de Sertorio Corte. (On rit.) M. Larrivée ne fit aucune avance à Vidocq.

M. Bayeux, ancien employé chez Vidocq, dit qu'il n'est sorti de chez lui que parce que ce qu'on y faisait ne lui convenait pas. Il a entendu dire à Ulysse Perrenoud que c'était lui qui avait monté le coup de l'arrestation de Pierre Champaix, et qu'il ne s'en cachait pas; qu'il ne craignait rien, parce qu'il était employé à la police.

On rappelle Ulysse Perrenoud. Ce témoin prétend qu'il a tout simplement dit qu'on l'accusait généralement d'avoir *monté le coup.*

Récriminant à son tour contre Bayeux, Ulysse Perrenoud reproche à ce témoin de ne pas dire la vérité, d'avoir suborné différentes personnes pour lui imputer d'avoir arrêté Champaix sans la participation de Vidocq; il soutient très énergiquement n'avoir jamais avoué sa culpabilité sur ce fait et n'avoir jamais dit qu'il était agent de la préfecture.

Un débat assez vif et assez confus s'élève entre les témoins. M. le président est obligé d'y mettre un terme.

M. l'Avocat du roi : N'avez-vous pas joué un rôle actif dans certaine affaire qui se passa chez Vidocq ?

M. Bayeux : Voici ce que c'est, M. le président. Une dame vint un jour demander M. Vidocq, qui était absent; je lui proposai de parler avec moi de son affaire; elle me remit un papier sur lequel il y avait : « Je veux que M. Vidocq me fasse connaître la maîtresse de mon mari. » M. Vidocq revint; il fit des démarches; je lui demandai d'aller avec cette femme chez la maîtresse de son mari, que nous avions découverte. Je l'accompagnai en effet; il y eut une petite altercation entre ces deux dames, altercation dont je fus témoin. Et là s'est borné mon intervention dans cette affaire.

M. l'Avocat du roi : Ainsi vous, agent de Vidocq, vous avez introduit la femme légitime dans la maison de la maîtresse du mari ! Il y là immoralité et violation de domicile.

Bayeux : C'était une femme outragée, et je vous avoue que je croyais faire une bonne action.

M. l'Avocat du roi : Allez vous asseoir.

M. Voisin, ancien négociant, était tuteur d'un jeune homme, M. Leroux de Beaulieu. Ce jeune homme tomba entre les mains de Vidocq, qui l'exploita et le mit en opposition avec sa famille. Vidocq l'assista judiciairement dans toutes les démarches qu'il fit pour n'être pas interdit. Enfin, quand M. Leroux de Beaulieu se réconcilia avec sa famille, il dit à son tuteur que Vidocq avait entre les mains des billets en blanc signés de lui.

Vidocq, souriant : Voilà la fable ; moi je vais vous dire la vérité. Leroux de Beaulieu, encore mineur, s'adressa à moi. Je découvris qu'il était victime d'une intrigue ourdie entre la femme Bailly, le nommé Falaiseau de Beauplan et le témoin ; on voulait lui faire avouer des dépenses exagérées pour le faire mettre en interdit et le dépouiller plus aisément. Jamais je n'ai eu de billets en blanc de lui. Je lui ai prêté 1,000 fr. sans billet, sans intérêts, qu'il m'a rendus à sa majorité et en or. Voilà tous mes rapports avec Leroux de Beaulieu. Je crois qu'ils ne sont qu'honorables pour moi.

M. Trinelle, ancien employé chez Vidocq, se prétendant donneur de renseignements, a été chargé par Vidocq d'aller répandre contre un négociant nommé Beaufrère des bruits qui devaient nuire à son crédit dans son quartier.

M. le Président : Eh bien, prévenu, qu'avez-vous à dire?

Vidocq : Je ne connais pas cette affaire là ; je ne puis répondre qu'à celles sur lesquelles on a trouvé des dossiers chez moi. J'ai, du reste, connu beaucoup de Beaufrère ; il y en a de bons, il y en a de mauvais. J'en connais un qui a mangé sa fortune, et qui maintenant...

M. l'Avocat du roi : Mais enfin vous ne vous rappelez pas cette circonstance rapportée par le témoin ?

Vidocq : Non, monsieur l'avocat du roi ; vous devez voir que jusqu'ici j'ai répondu avec franchise. (D'un ton d'autorité :) Trinelle, à quelle époque rapportez-vous le fait dont vous parlez ?

Trinelle : Il y a six ans de cela.—*Vidocq :* Vous vous trompez.

Me *Favre :* Ulysse Perrenoud n'a-t-il pas dit au témoin qu'il était agent de police ?

Trinelle : Oui, monsieur l'avocat.

Ulysse, du fond de l'auditoire : C'est faux !

Vidocq : J'ai un renseignement à donner sur Ulysse. C'est un fait sur lequel je le défie de me démentir. Ulysse aurait été chargé il y a quelque temps, je ne sais par qui, je ne veux pas le savoir, je le laisse à deviner, aurait été chargé, dis-je, d'une surveillance importante; il s'agissait d'un crime. Mme Garraud, faubourg Poissonnière, avait reçu des lettres anonymes dans lesquelles on la menaçait de mort si elle ne déposait 50,000 fr. chez son concierge. (On rit.) Et Ulysse aurait dit en se frottant les mains : « Je serai bien récompensé; celui qui a écrit c'est le beau-frère du fils de Mme Garraud. » Si cette surveillance a existé, on pourrait en tirer des conséquences; cela serait plus facile que de tirer à Ulysse lui-même ce qu'il a dans le ventre. Autre chose : Je dois dire qu'Ulysse a volé chez moi une multitude de pièces.

Ulysse, avec force : Je n'ai jamais volé. Il y en a d'autres ici qui ne peuvent pas en dire autant. (Vidocq hausse les épaules.) Oui... Il y en a qui parlent ici comme du haut d'un trône... Je n'ai jamais volé. (Se tournant vers Vidocq :) Vous êtes un infâme... donnez-moi les preuves.

Vidocq : Qu'on interroge Trinelle.

Ulysse : C'est à titre de simple renseignement ou sur la foi du serment qu'il parlera ?

M. le Président : C'est à titre de renseignement. Je sais très bien que Trinelle a été condamné à une peine infamante pour banqueroute frauduleuse.

Vidocq : Trinelle, Ulysse ne vous a-t-il pas remis deux journaux venant de chez moi ? — *Trinelle :* Oui.

Vidocq : C'étaient deux *Méphistophélès* qu'on m'avait rapportés de Bruxelles, et qui étaient numérotés.

Ulysse : Je n'en disconviens pas.

Vidocq se rassied en souriant.

Jacquet, agent d'affaires, a été employé chez Vidocq pour les renseignements du dehors; il lui a servi d'agent dans beaucoup de circonstances. Ainsi, dans une affaire où il s'agissait d'un individu qui était signalé comme voulant vendre deux fois un brevet d'invention, l'acquéreur s'adressa à Vidocq, qui envoya Jacquet chez l'individu, comme pour entrer en relations avec lui pour le brevet. Jacquet souffla (c'est son expression), souffla chez cet homme une lettre qui était sur son secrétaire et qui prouvait sa mauvaise foi, substitua une autre lettre en blanc à celle-là, et concourut ainsi à démasquer un fripon, comme il s'en vante devant le tribunal.

Vidocq: Jamais je n'ai autorisé Jacquet à souffler une lettre.

M. le Président : Continuez, témoin.

Jacquet : Une autre fois M. Vidocq, chargé par un chapelier, M. Picaud, de découvrir des contrefacteurs, me fit passer pour un négociant de province ; il me loua un appartement en ville, j'allai chez les contrefacteurs, je commandai 500 chapeaux, en leur demandant de mettre au fond le nom et l'adresse du plaignant ; ils y consentirent sans peine, et quand nous eûmes ces chapeaux entre les mains, M. Picaud fit capituler les autres.

Vidocq : Eh bien ! je n'ai rien fait là que de très légitime. M. Picaud était volé ; j'ai pris les voleurs la main dans le sac, Si j'ai choisi Jacquet pour cette affaire, c'est qu'il avait tout à fait la tournure d'un homme de campagne, d'un paysan. (On rit.)

Jacquet fait une grimace très expressive.

M. le Président : Connaissez-vous d'autres faits ?

Jacquet : J'ai été aussi mêlé à une affaire de Mme Lafarge, pour laquelle Me Lachaud s'était adressé à nous.

M. le Président : Passez. Que savez-vous d'une affaire Châtel ?

Jacquet : Châtel, qui a été quelque temps directeur du théâtre de l'Ambigu, était le client et l'ami de M. Vidocq. Un jour, M. Vidocq m'ordonna de le surveiller et de l'arrêter. J'y éprouvai tant de répugnance, que je sortis ce jour-là de chez M. Vidocq.

Vidocq : Châtel n'était pas mon client, mais mon débiteur. J'ai payé pour qu'il ne fût pas arrêté par le garde du commerce.

M. l'Avocat du roi : Témoin, et cette affaire Borne ?

Jacquet : Borne devait de l'argent à un nommé Ravenstein, marchand de rubans. Celui-ci s'adressa à Vidocq. Vidocq nous ordonna d'amener ce Borne chez lui.

M. l'Avocat du roi : C'est-à-dire de l'arrêter.

Jacquet : Nous le trouvâmes au café. Il résista ; une lutte s'ensuivit ; la garde intervint. Cependant Borne fut arrêté, et l'affaire s'arrangea plus tard.

M. l'Avocat du roi : Vidocq ne vous adjoignit-il pas à cette occasion un homme qu'il vous a dit être un agent de police ?

Jacquet : Oui, et il ajouta même : « Tu vois bien que tu n'as rien à craindre. »

M. l'Avocat du roi : Vous avez dit dans l'instruction qu'après l'arrestation de Borne Vidocq survint, qu'il voulut battre Borne au corps-de-garde, mais que l'officier du poste l'en empêcha. Vidocq, s'écriant, vous aurait dit : « Je suis de la police » ; et l'officier aurait répondu : « Fussiez-vous le procureur du roi, vous ne battrez pas un homme qui est en mon pouvoir. »

Vidocq : Ce n'est pas à moi que cela est arrivé, c'est au créancier de Borne, à M. Ravenstein.

Jacquet : Cela est vrai ; c'était une erreur de ma part dans l'instruction.

M. le Président : Que savez-vous relativement au passe-port procuré à une femme frappée de mandat ?

Jacquet : Je ne sais pas si cette femme était poursuivie. Je sais seulement que M. Vidocq vint un jour dans notre bureau, et dit : Quel est celui de vous qui a une femme jeune et jolie ; j'en ai besoin pour obtenir un passe-port à la préfecture pour une dame qui veut aller en Angleterre. Robert, l'un de nous, offrit sa femme.

D. Et l'affaire de la montre volée ? — *R.* Un individu avait perdu sa montre; il chargea Vidocq de la faire chercher; un homme en blouse la rapporta le soir, et vint chercher la récompense promise. Vidocq dit alors : « Il fallait que cet individu tînt bien à sa montre, car elle ne vaut pas la récompense ».

M. le Président: Et sur une femme arrêtée au magasin du *Pauvre Diable* ?

Jacquet : M. Vidocq nous donna l'ordre d'aller au *Pauvre Diable* arrêter une femme. Nous paraissions être d'intelligence avec les maîtres de la maison. Nous l'arrêtâmes; nous la conduisîmes chez M. Vidocq, qui resta avec elle dans son cabinet et paraissait être fort en colère. M. Vidocq la tenait par la main, et elle disait : « On me coupera le poing plutôt que de me faire faire cela. »

Vidocq : Cette femme, la femme Martin, était une colporteuse qui achetait des marchandises volées et les vendait à vil prix. Ces messieurs du *Pauvre Diable*, mes clients, m'avertirent qu'elle était venue leur faire des offres. Je pris note des marchandises, je fis venir à Paris les négociants de province qui avaient été volés, et je fis amener devant moi la femme Martin au moment où elle allait toucher son argent dans les magasins du *Pauvre Diable.* Il s'agissait tout bonnement de lui faire restituer.

M. l'Avocat du roi : Jacquet, ne savez-vous pas que Vidocq a reçu 1,000 fr. d'une femme pour faire surveiller son mari, et qu'il a ensuite vendu le secret au mari pour 400 fr. (On rit.)

Jacquet : Je ne sais rien de cela.

M. l'Avocat du roi : Vidocq, une dame ne s'est-elle pas adressée à vous pour savoir qui lui écrivait des lettres anonymes? Elle soupçonnait quelqu'un de son intérieur. Par suite de la surveillance que vous établîtes, vous découvrîtes que cette dame avait une intrigue dans sa propre maison et avec un de ses gens. N'avez-vous pas exploité cette faiblesse? N'avez-vous pas tiré d'elle 3 ou 4,000 fr. ?

Vidocq : Il n'y a pas un mot de vrai dans ces dernières circonstances.

D. N'aviez-vous pas pris avec une autre dame l'engagement de dérober, dans plusieurs bureaux de poste à la fois, des lettres adressées par des tiers.

Vidocq : A cet égard, le dossier prouve, non pas que j'ai pris un pareil engagement, mais que j'ai rejeté bien loin une semblable proposition; les brouillons de lettres par moi écrites à ma cliente existent et attestent mes refus constants; refus bien formels, puisque l'un d'eux est formulé en ces termes : « Je cesserai de vous servir si vous persistez à me parler de choses qui ne sont ni proposables ni acceptables. »

Ma cliente était l'épouse d'un grand personnage politique, elle avait une véritable monomanie, celle de voir partout des lettres pour lui nuire, pour lui ôter l'affection de son mari; elle soupçonnait tout le monde, ses parents et ses amis eux-mêmes; elle était dans un état d'exaspération voisin du désespoir. Je caressai ses idées, lui promis de surveiller et tenir à l'index tous ceux qu'elle me signalait, de m'assurer s'ils écrivaient ou non des lettres contre elle; je lui promis tout enfin, sauf la violation du secret des lettres, et je parvins ainsi à la calmer peu à peu, et à chasser de son esprit des idées qui auraient fini par le troubler complétement. Depuis lors, elle a vécu en bonne intelligence avec son mari.

Remarquez au reste que j'aurais pu tirer de cette affaire beaucoup d'argent, et qu'elle ne m'a pas produit plus de 200 francs d'honoraires, malgré les démarches nombreuses et les voyages qu'il m'avait fallu faire, notamment au Havre, pour entretenir ma cliente dans la pensée que j'agissais assez activement en sa faveur pour qu'elle fût complétement rassurée et revînt en quelque sorte à la raison.

Et ici je dois revenir sur l'histoire de l'autre dame dont on a parlé tout à l'heure.

Vers le milieu de 1840, l'épouse d'un médecin vint chez moi accompagnée de son frère et d'une dame de ses amies;

ils se présentèrent sous les auspices du respectable docteur Marc, médecin du roi.

L'épouse me fit connaître que son mari la rendait malheureuse, qu'il avait plusieurs fois tenté de l'empoisonner, et cela parce qu'il avait depuis long-temps pour maîtresse Mme L..., veuve depuis peu; qu'elle soupçonnait son mari d'être l'auteur de la mort de M. L..., duquel il était le médecin; qu'après le décès de M. L..., son mari avait recélé chez lui des vins, des liqueurs, des bougies, etc., etc., soustraits dans une administration par le père de la dame L..., et pour justifier cette dernière accusation, elle apporta chez moi, où ils sont encore, des vins, des liqueurs, des bougies. Enfin l'épouse finit par me dire qu'elle avait l'intention de rendre une plainte contre son mari comme empoisonneur, voleur et recéleur.

Je ne voulais rien faire sans consulter des personnes de la haute magistrature, auxquelles je m'adressai, et qui m'apprirent quelques jours après que l'administration à laquelle on avait dérobé les vins, bougies, etc., ne voulait intenter aucune action.

Mais l'épouse voulait être fixée sur la conduite de son mari et sur sa maîtresse. Ce fut Jacquet, alors l'un de mes agents, qui fit les surveillances avec d'autres employés; elles durèrent vingt-trois jours, pendant lesquels ils eurent constamment un et deux cabriolets pour suivre le mari, qui avait le sien; on fit quatre voyages à des distances assez éloignées de Paris, et ces voyages durèrent plusieurs jours chacun. Les dépenses de cette surveillance s'élevèrent à 1,105 fr., et les honoraires avaient été fixés par l'épouse à 300 fr., ce qui faisait 1,405 fr., sur lesquels j'avais reçu en différentes fois 1,000 fr., en sorte qu'il me restait dû 405 fr.

L'épouse ayant quitté Paris, je dus adresser ma réclamation à l'amie avec laquelle elle était venue constamment chez moi, et bientôt je reçus la visite du mari lui-même, qui, informé par sa femme de ce que j'avais fait, promit, en présence de cette amie, de me solder; mais il exprima le désir qu'avant cela je fisse faire une sommation à son épouse de s'acquitter. Je satisfis à ce désir du mari; mais de son côté il ne tint pas sa promesse, ce qui m'a obligé de le poursuivre, et l'affaire est encore pendante devant les tribunaux.

Les nombreuses pièces au dossier prouvent tout ce que je viens d'avancer. Je dois ajouter que jamais je ne lui ai donné aucun détail relativement aux surveillances dont il avait été l'objet; que lui-même ne m'a jamais adressé de question à cet égard.

Audience du 4 mai.

L'audience est ouverte à dix heures et demie.

Vidocq et son coprévenu Landier sont amenés sur le banc; mais la suite des débats est retardée pendant quelques instants par le jugement de plusieurs affaires de bans rompus et de vagabondage. Vidocq reste présent à ces débats, auxquels il paraît prendre un assez vif intérêt de curiosité. Parmi ces prévenus se trouve un vieillard accusé de mendicité, et qui, interrogé sur son âge, déclare avoir quinze ans. (On rit dans l'auditoire.) Le prévenu explique ensuite qu'il a laissé soixante ans en arrière, et qu'il s'applique chaque jour à les oublier. Pendant que M. le président du tribunal rappelle au vieux mendiant ses anciens et nombreux péchés, il est aisé de voir à la pantomime expressive de Vidocq, à la vivacité de ses regards, à l'attention avec laquelle il examine le prévenu, qu'il cherche avec soin dans les trésors de sa mémoire des souvenirs mal effacés. Un instant après, on s'aperçoit qu'il a ressaisi ce qu'il cherchait, et qu'il a retrouvé la biographie du vieux *cheval de retour* (condamné en récidive) qu'il a à ses côtés par un si étrange coup de fortune.

L'affaire Vidocq est ensuite appelée.

M. le Président : Avant d'entendre les témoins à décharge, le tribunal voudrait avoir du prévenu Vidocq quelques renseignements sur une affaire du comte de Sarda dans laquelle il a été employé. Il s'agissait d'une jeune personne mise par sa famille en correction au couvent des dames de Saint-Michel.

Vidocq : Une jeune personne avec laquelle ce Monsieur vivait maritalement a été arrêtée et envoyée au couvent des dames de Saint-Michel ; après quelques démarches, le comte de Sarda me pria de ne plus m'occuper de cette affaire.

M. le Président : Le tribunal a vu là des faits graves. Il s'agissait de pénétrer dans une maison religieuse, de gagner le jardinier, les domestiques, d'enlever une jeune personne ? — *R.* Pardon, M. le président, il y a deux maisons, la maison religieuse, et une autre maison où sont les pensionnaires.

D. Dans les instructions que vous avez données à vos agents, vous avez écrit : « Peut-on les voir, peut-on leur parler ? Y a-t-il un jardinier, des domestiques ? » Il s'agissait donc de corrompre, de suborner. Les parents, en plaçant leurs enfants dans cette maison, les croyaient à l'abri de la séduction, et vous, vous brisiez tous ces obstacles et prépariez l'enlèvement d'une jeune fille !

Vidocq : Je déclare de la manière la plus précise qu'il ne s'est jamais agi de s'introduire aux Dames-Saint-Michel pour enlever la jeune fille en question ; que je n'avais pas été chargé davantage de lui remettre une lettre ; que je n'avais reçu et exécuté qu'un ordre, celui de m'informer s'il serait ou non possible de lui faire parvenir une lettre ; et il eût suffi à l'instruction de jeter les yeux sur les pièces pour se convaincre de la sincérité de ma déclaration. Et puis, permettez-moi de vous faire connaître quelle était cette jeune fille qu'on voulait, dit-on, soustraire par la retraite aux persécutions de son séducteur. Cette jeune fille était liée, au vu et au su de ses parents, avec le jeune homme qui m'avait mis en œuvre ; c'est avec lui qu'à sa sortie du couvent, et sans obstacle de ses père et mère, elle est retournée demeurer (1).

(1) Elle est aujourd'hui actrice d'un théâtre de Paris.

D. On vous reproche encore l'*enlèvement* en plein jour d'une *femme mariée* dans le même couvent, pour la rendre à son amant, qu'elle avait quitté.

Vidocq : A cet égard je dois entrer dans quelques explications :

Un client m'avait chargé de chercher une dame S..... disparue de chez elle en abandonnant une petite fille de 5 à 7 ans. Je fis faire de nombreuses démarches, et je parvins à découvrir qu'elle s'était volontairement retirée aux Dames-Saint-Michel, comme pensionnaire dans le quartier libre. Ensuite je fus prié d'aviser au moyen de la faire sortir un moment, afin d'obtenir d'elle quelques renseignements indispensables, et de connaître les motifs qui avaient pu la décider à abandonner jusqu'à sa fille en bas âge. Je donnai des instructions à *Ulysse* pour qu'il se présentât aux Dames-Saint-Michel, et parvînt, sous un prétexte, à parler à cette dame, et à lui faire connaître que mon client l'attendait dans les environs. Cet employé, dont la mission se bornait là, et auquel j'avais recommandé la circonspection, revint quelques heures après au bureau, et me dit que tout était fini ; que cette dame S....., informée que M*** l'attendait dans les environs, s'était empressée de sortir avec Ulysse, dans une voiture que mon client avait fait arrêter à quelques pas de là pour y monter ; que la dame S...., en le voyant, avait versé des larmes de joie, qu'alors l'agent les avait quittés pour venir me rendre compte.

J'ajouterai que, par suite de cette entrevue toute volontaire, cette dame prévint le jour même la supérieure des Dames-Saint-Michel qu'elle ne rentrerait plus à sa pension, ce qui prouve que sa volonté n'avait pas été contrainte, et que par conséquent il n'y avait pas eu d'enlèvement ; au surplus, si on avait dans tout cela commis un acte illégal, c'eût été en outrepassant mes ordres ; Ulysse Perrenoud ou M*** auraient seuls à répondre à la justice.

Ce ne fut qu'après mon arrestation, et lorsque l'instruction touchait à son terme, que je fus informé qu'on voyait dans cette affaire un enlèvement. Les détails qu'on me donna me convainquirent que mon agent, dans le seul but de me compromettre, avait cherché à donner à sa démarche les caractères d'un enlèvement; que c'était dans ce but qu'il avait dit à plusieurs personnes, et notamment à Gouffé, que la dame S..... avait jeté des cris, qu'il était alors monté derrière le fiacre, et s'était mis à chanter pour les étouffer, et que, le cocher refusant de marcher, il lui avait dit de continuer sa route, que c'était de là part de la police. Cette intention d'Ulysse devient évidente pour moi par le soin qu'il a pris de placer près de là un de ses amis, pour en faire, au besoin, un témoin contre moi. Heureusement on s'aperçut qu'Ulysse n'était parvenu qu'à se compromettre lui-même, et cette première tentative par lui faite pour me perdre fut infructueuse.

M. le Président : Donnez-nous des détails sur une affaire dont vous avait chargé une dame d'Argenteuil.

Vidocq : Cette dame était jalouse de son mari; elle voyait partout son mari la tromper; j'allai la voir accompagné de ma femme; je lui donnai des conseils; elle voyait des rivales et des lettres d'amour partout. Et par mon utile intervention je suis arrivé à ce résultat que cette femme, dont la raison était dérangée, est revenue à un état parfaitement lucide et raisonnable.

M. Anspach, avocat du roi : Un jeune homme dont je tairai les noms, un sieur D..., maître de poste, vous a écrit pour que vous puissiez lui faciliter l'enlèvement d'une jeune personne. Vous avez commencé par lui écrire qu'on ne pouvait se charger d'une pareille affaire, qu'elle n'était pas proposable; vous lui avez écrit plus tard qu'il vous apportât 500 francs.

Vidocq : C'est là une affaire que je ne me rappelle pas.

Gouffé : C'est une bien vieille affaire.... ; le Monsieur n'est pas venu. Tout cela doit s'expliquer parfaitement par le dossier.

M. le Président : Vidocq, quelle explication avez-vous à donner sur un de vos clients que je ne nommerai pas, mais qui habitait Sarcelles?

Vidocq : Voici ce qui s'est passé :

Mon client, avec une tête toute méridionale, avait épousé une jeune fille dont il suspectait la fidélité. Voulant être fixé, il me chargea de faire mettre à l'épreuve cette fidélité; je compris que, rejeter de suite ses propositions, le heurter de front, c'était l'exposer à se livrer à des gens qui n'auraient pas manqué de lui prêter leur concours, mais peut-être aux dépens de son honneur et de sa fortune. Je parus donc accepter sa proposition, bien décidé du reste à l'abandonner si je ne parvenais à le ramener insensiblement à d'autres idées par des obstacles et des lenteurs. Je lui fis d'abord un budget fort exagéré des dépenses, pensant qu'il pourrait reculer devant le chiffre; mais il souscrivit sans mot dire. Alors je prétextai une maladie, que j'ai prolongée à l'infini, de l'acteur auquel j'avais, disais-je, destiné le principal rôle; je me fis moi-même malade pour lui seul, et lorsqu'il se présentait, on avait ordre de répondre que je n'étais pas visible; il m'écrivait, et je ne répondais pas à ses lettres; enfin, je mis tellement d'entraves, que je suis parvenu à l'amener en quelque sorte à une réunion avec son épouse, avec laquelle il a continué depuis à vivre dans la meilleure intelligence.

L'examen du dossier prouve que je n'ai rien fait malgré les instances les plus vives; on n'y trouve en effet aucun rapport de l'homme qui devait se métamorphoser en séducteur, rien enfin qui constate qu'aucune tentative ait été faite; c'est ce qui a empêché qu'on ne l'incriminât en 1838, époque à laquelle cette affaire a été l'objet d'un examen scrupuleux. L'instruction a compris alors qu'elle ne pouvait tirer aucun parti ni argumenter contre moi de la lettre de mon client, lorsqu'il était constant que je n'avais rien fait dans le sens de cettre lettre.

Le tribunal procède à l'audition des témoins à décharge.

X. — INTERROGATOIRE DES TEMOINS A DÉCHARGE.

M. le Président : Un sieur Hovelt, nommé hier dans les débats, nous a adressé la lettre suivante :

« Monsieur le président,

» Dans l'audience du 3 mai relative à la poursuite du sieur Vidocq, il a été dit par un de ses employés qu'il reconnaissait avoir écrit au préfet de police, sous la dictée de celui-ci, deux lettres anonymes pour lui signaler des escroqueries commises par moi. Le sieur Vidocq, en avouant ce fait, a ajouté que les accusations étaient vraies et avaient été toutes judiciairement vérifiées.

» Permettez-moi, Monsieur le président, de vous rappeler que, loin d'avoir été justifiés, ces faits ont au contraire été complétement démentis à votre audience, et que les odieuses machinations du sieur Vidocq contre moi ont au contraire abouti à un acquittement.

» J'ose espérer, Monsieur le président, que vous voudrez bien faire donner à cette réponse la même publicité qu'à l'inconcevable assertion du sieur Vidocq.

» Veuillez agréer, etc. » *Signé* Hovelt. »

Vidocq : Il y a eu de mauvaises notes sur le sieur Hovelt; on a été chez des fournisseurs, des marchands; ceux-ci ont déposé plainte, et c'est Gouffé qui l'a rédigée.

M. le Président : L'affaire n'a pas été portée devant nous. Il y a eu ordonnance de non-lieu sur le désistement des parties civiles.

Vidocq : Cela est vrai, et c'est parce qu'elles ont été désintéressées que les parties civiles se sont désistées.

M. Correff, docteur-médecin : J'ai consulté trois ou quatre fois M. Vidocq pour des bagatelles précieuses pour moi, et je n'ai eu qu'à me louer de son zèle et de son désintéressement. Dans une nuit d'orage, j'avais perdu un perroquet, auquel je tenais beaucoup; je me suis adressé à M. Vidocq, et il m'a fait retrouver mon perroquet.

Gouffé : Le perroquet avait été perdu à Paris; on l'a retrouvé au Bourg-la-Reine.

Vidocq : Vous aviez fait une plainte chez votre commissaire? — *R.* Oui, Monsieur.

M. Lapeyrière : J'ai été en relation avec Vidocq pour une afffaire d'argent, et j'ai été extrêmement satisfait de lui.

Vidocq : Ai-je pris à Monsieur un intérêt usuraire?

M. le Président : Puisqu'il dit qu'il a été fort content de vous, cela veut tout dire.

M. Antony Béraud, directeur de l'Ambigu-Comique : Je connais Vidocq depuis très long-temps, parce qu'il venait dans les théâtres; je n'ai jamais eu à me plaindre de lui. Je sais qu'il a eu des affaires avec des directeurs de théâtre, et qu'il a beaucoup à s'en plaindre, comme beaucoup d'autres. Comme il est fort adroit, il se sera peut-être fait payer...

Vidocq : Malheureusement non! M. Béraud ne sait-il pas que, les acteurs de l'Ambigu ne voulant pas jouer sans être payés, j'avançai 10,000 fr. sans intérêts?

M. Béraud : Le fait est parfaitement exact.

M. Moizard, négociant : J'ai eu recours à M. Vidocq pour un jeune homme qui nous avait volé. Nous sommes parvenus à recouvrer par ses soins ce qu'il nous avait emporté. M. Vidocq nous a donné aussi des renseignements sur des acheteurs, et nous a sauvé beaucoup de mauvaises affaires.

Plusieurs négociants déposant des mêmes faits viennent déclarer qu'ils ont eu beaucoup à se louer de l'activité de Vidocq dans la recherche des industriels qui les avaient dépouillés; qu'ils ont reçu de lui les avis les plus utiles, et qu'ils lui doivent de la reconnaissance pour sa loyauté et l'habileté avec laquelle il a veillé à leurs intérêts et leur a donné des renseignements pour leurs transactions commerciales (1).

Vidocq : Demandez au sieur Auvert si je ne l'ai pas averti à temps pour un fonds de commerce qu'on voulait lui vendre ?

M. Auvert : Certainement, M. Vidocq m'a averti que c'était un fonds factice. J'aurais perdu beaucoup d'argent si j'avais acheté.

M. Parisot : J'ai eu des rapports avec M. Vidocq pour des recouvrements que je croyais fort mauvais, et il m'a fait rentrer beaucoup d'argent. Je suis fort satisfait de lui ; il me doit encore quelque argent ; mais je ne suis pas du tout inquiet.

Vidocq, souriant : Je le crois, Monsieur.

M. Parisot : Je suis on ne peut plus satisfait de vous.

Vidocq : Vous rappelez-vous ce débiteur de sommes considérables que nous vous avons fait retrouver à Belleville ?

M. Parisot : Oui, Monsieur.

Vidocq : Je ne dis pas son nom, vous vous le rappelez ; nous l'avons retrouvé dans la maison des saint-simoniens. (On rit.)

M. Parisot : Cela est exact.

M. Parnier, docteur en médecine, ne sait pas pourquoi on l'a appelé.

Vidocq : On a voulu insinuer que je ne faisais pas bon ménage avec ma femme ; on a dit que j'étais millionnaire. M. Parnier connaît mon intérieur ; il peut donner quelques détails.

---

(1) On trouve dans le dossier des certificats d'environ cent cinquante banquiers, négociants, etc., qui déclarent avoir reçu de l'agence Vidocq des services très réels, souvent très importants ; et tous enchérissent sur les témoignages qu'ils rendent à son exactitude, à sa loyauté, à sa délicatesse. (*N. du R.*)

M. Parnier : M. Vidocq faisait très bon ménage; lui et sa femme étaient des gens de très bonne compagnie. Je ne sache pas qu'il soit millionnaire.

Maquet, postillon, connaît Ulysse Perrenoud. Il pense que celui-ci était inspecteur de police; ce qui le lui fait croire c'est que, lorsque quelques personnes de la maison causaient ensemble, Perrenoud était toujours là.

Vidocq : Vous connaissez un nommé Biscuit ?

Le témoin : Oui dà !

Vidocq : Eh bien, que vous a-t-il dit ?

Le témoin : Rien, j'entends fort dur.

La dame Bonnefoy, marchande de vins, déclare, comme tous les débitants de sa profession, qu'elle ne sait rien, qu'elle ne se rappelle rien.

Vidocq : La dame Bonnefoy a dit à l'avance qu'elle ne saurait rien. Ne savez-vous pas cependant, madame, qu'il y a eu une gageure à votre comptoir ? Quelqu'un n'a-t-il pas parié 5 fr. que Perrenoud était agent de police? Ce quelqu'un n'a-t-il pas dit en montrant Ulysse : « C'est pourtant ce petit-là qui a enfoncé le grand Vidocq ! »

La dame Bonnefoy : Je jure devant Dieu et devant les hommes que je ne sais rien.

Hérault, frotteur : J'ai entendu Perrenoud (Ulysse) dire au comptoir de la dame Bonnefoy qu'il était employé à la police, et placé par elle chez Vidocq pour l'espionner, prendre des notes sur ses papiers, et les transmettre à l'administration.

Perrenoud : C'est un mensonge; cet homme est employé de Trinelle.

Hérault : Moi, employé de Trinelle ! Je suis frotteur, et rien de plus. Vous m'avez fait venir chez un marchand de vins, où vous avez tâché de me tirer les vers du nez.

Perrenoud : Moi ! Vous badinez sans doute.

Hérault : Je dis si vrai, que j'ai écrit votre conversation.

Perrenoud, vivement : Je n'en veux pas plus long. Et vous me direz que vous n'êtes pas employé chez Trinelle! En voilà la preuve : un homme qui écrit les conversations des autres! Voilà bien mon affaire !

Hérault : Oui, vous m'avez voulu faire parler. Vous m'avez dit que M. Legonidec vous avait chargé de missions, et que vous aviez eu 800 fr. pour cela.

M. l'Avocat du roi : C'est moi, et non M. Legonidec, qui ai chargé les huissiers de s'adresser à Perrenoud pour avoir les adresses de deux ou trois témoins qu'on ne pouvait trouver.

Me Favre : Le sieur Perrenoud, én un mot, est-il ou n'est-il pas en ce moment attaché à la police ?

Perrenoud : Non, Monsieur.

Me Favre : Le tribunal entend bien la dénégation. Nous avons des pièces écrites que nous produirons.

M. l'Avocat du roi : Nous devons devons dire dès à présent, quant à nous, que bien des personnes se sont présentées à nous, soit Gouffé, soit Delvigne, soit d'autres, et que nous n'avons reçu personne autre que la femme du prévenu.

Vidocq : C'est vrai, et j'en remercie la loyauté de M. l'avocat du roi.

Me Favre : Mais il est bien entendu que toutes ces observations ne s'adressent en aucune façon à la justice.

Parent déclare qu'il a entendu dire que Perrenoud était employé à la police; il l'a cru d'autant plus volontiers que, Delvigne étant sorti de prison, on dit partout qu'il devait son élargissement à son camarade Ulysse.

M. Alfred Mayliand, rentier : J'étais en rapport d'affaires depuis long-temps avec M. Vidocq. Je l'avais chargé d'un recouvrement sur la Normandie. M. Vidocq m'écrivit qu'il avait reçu une lettre de son huissier d'Elbeuf. Je me rendis chez lui afin de lui remettre un pouvoir. J'y arrivai vers onze heures, onze heures et demie. Comme j'étais en rapport d'affaires avec M. Vidocq, et comme lorsque j'arrivai il avait du monde à recevoir, je fis ce que j'avais eu occasion de faire cent fois, j'attendis dans le bureau de ses employés pour le laisser libre dans son cabinet. Je trouvai là M. Gouffé, le premier commis, qui se trouvait seul dans le bureau avec un homme qui avait une redingote en velours.

M. Gouffé sortit, et je restai seul dans la pièce avec cet homme qui était là. Je ne savais pas ce qu'il y faisait et qui il était; je le pris pour un employé. Je dis à Vidocq : « Vous avez donc un nouvel employé ? — Ah! me dit-il, ce n'est pas un employé, c'est un homme qui attend ses créanciers. » Ce que je puis affirmer, c'est que je suis resté seul avec cet homme dans le premier bureau, et pendant tout le temps nécessaire pour rédiger un pouvoir. Il était onze heures et demie, c'est-à-dire l'heure à laquelle les employés n'y sont pas ordinairement.

Vidocq : M. Mayliand a-t-il remarqué que les portes fussent fermées, qu'il y eût quelque chose d'extraordinaire ?

M. Mayliand : Je déclare qu'il n'y avait personne dans l'antichambre, que les portes étaient ouvertes, et que j'étais seul dans la chambre avec l'individu en redingote de velours pendant que je rédigeais mon pouvoir.

Champaix (Pierre), représenté à M. Mayliand, est positivement reconnu par lui pour l'homme en redingote de velours dont il a parlé.

M. Pichon, négociant : Le lendemain du jour où Champaix avait été chez Vidocq, un de ses employés me l'amena. Champaix ne se plaignit pas d'avoir été arrêté; il dit au contraire : « Je suis très content que mon affaire soit entre les mains de Vidocq; il va me l'arranger. »

M. Juchereau, négociant, fait une déposition sur Perrenoud, de laquelle il ne résulte rien d'important.

La concierge de Vidocq déclare que Champaix, quand on l'a amené, était entièrement libre, et marchait tout seul; personne ne le tenait. Le témoin sait que les portes de M. Vidocq n'étaient jamais fermées; elle allait souvent pendant la journée porter la correspondance.

Picot-Delamotte, ex-employé chez Vidocq, a été chargé de suivre la femme Lasalle; il l'a vue entrer au théâtre Ventadour, et a été avertir son créancier, le sieur Mignon. Celui-ci a conduit cette femme chez le commissaire de police. Arrivé à la porte du magistrat, la femme Lasalle pria qu'on lui donnât la nuit; M. Mignot y consentit, et le lendemain il s'arrangea.

M. Mignot dépose de ce fait dans le même sens.

Me Charles Ledru, avocat à la Cour royale de Paris : Je suis le conseil de Vidocq, et j'ignore quel témoignage la justice attend de moi.

M. le Président: Evidemment ceux qui ne toucheraient pas aux confidences professionnelles.

Vidocq: Je voudrais que M. Ledru s'expliquât sur le rendez-vous que j'ai eu chez lui avec Me Moulin, avoué.

Me Charles Ledru : Je ne me rappelle pas les circonstances de cette affaire Beaulieu ; ce que je puis seulement affirmer, c'est que Me Moulin, avoué, qui avait eu à ce sujet des rendez-vous et qui avait terminé un arrangement amiable avec Vidocq, m'a déclaré qu'il avait été extrêmement satisfait de sa loyauté.

Me Jules Favre : Je désirerais que Me Ledru, qui a été conseil de Vidocq et qui l'a connu dans diverses circonstances, exprimât son opinion sur lui.

Me Charles Ledru : J'ai eu un tort envers Vidocq; et, dans les circonstances pénibles où il se trouve, je considère comme un devoir de le réparer hautement. Lorsqu'en 1837 Vidocq fut poursuivi et qu'il fit appel à mon ministère, je refusai, ou plutôt j'imposai à mon acceptation une condition trop dure. J'exigeai qu'avant d'avoir l'entrée de mon cabinet, il allât déposer mille francs aux sœurs de Saint-Vincent-de-Paule, ce qu'il exécuta à l'heure même.

Ce fait, qui a été publié, a été interprété d'une manière trop sévère contre le prévenu. Je dois dire que ma conduite n'était déterminée que par des souvenirs récents qui se rattachaient seulement à l'intervention de Vidocq, comme témoin, dans un grand nombre de procès politiques que j'avais plaidés à la suite des journées de juin. Vidocq était souvent, dans ces procès, le témoin principal : car c'est lui qui, se jetant au milieu des barricades de la Cité, avait, au péril de sa vie, étouffé l'insurrection, de sorte qu'il en connaissait tous les acteurs.

Ses dépositions amenèrent beaucoup de condamnations, et comme elles avaient porté la désolation dans des familles qui m'intéressaient vivement, je lui gardais, en raison de son rôle dans ces procès, des sentiments qui se sont exprimés trop énergiquement par la condition exorbitante que je lui ai dictée quand il crut devoir s'adresser à moi, à son tour, dans l'adversité.

Pour effacer autant qu'il est en mon pouvoir l'effet de la sévérité que je lui ai témoignée, je dirai un fait qui se rattache aux mêmes événements et qui lui fait honneur ; c'est de sa part un généreux témoignage de respect et de reconnaissance pour la magistrature. Voici ce fait : Après son acquittement des poursuites dans lesquelles il avait eu recours à moi, il m'avait exprimé combien il serait heureux de manifester sa gratitude profonde à deux magistrats dont l'équité, la fermeté, l'indépendance, avaient concouru puissamment à la justice qu'il avait obtenue. C'étaient M. Zangiacomi, alors juge d'instruction, et M. Franck-Carré, procureur général. L'occasion qu'il recherchait si vivement arriva, lors de l'insurrection du 12 mai.

Vidocq apprit que plusieurs des insurgés avaient le dessein de se rendre chez M. le procureur général pour lui faire un mauvais parti. Aussitôt il se munit de toutes armes et alla se poster en sentinelle dans le quartier du magistrat, décidé, si les insurgés voulaient pénétrer jusqu'à lui, à ne les y laisser parvenir que sur son corps.

J'appris cette courageuse détermination le lendemain à cinq heures du matin. Deux jeunes gens que j'avais défendus en Cour d'assises, et précisément après *juin*, s'étaient malheureusement retrouvés dans la révolte de la veille. Traqués de toutes parts, ils étaient venus, à minuit et demi, m'éveiller pour me demander ce qui ne se refuse jamais en pareil cas.., un asile. Ils avaient passé la nuit chez moi, et le lendemain, dès la première heure, je m'apprêtais à les mettre en lieu de sûreté, lorsque Vidocq fut annoncé. A ce nom.... ils furent épouvantés. Je les rassurai et je fis entrer Vidocq dans mon cabinet en lui disant qui ils étaient. C'est alors et par ces jeunes gens que j'appris ce qu'avait fait Vidocq, et qu'il me raconta lui-même l'avoir fait en témoignage du dévoûment sans bornes qu'il avait voué au magistrat dont l'indépendance avait garanti sa liberté.

Quelques jours après, j'avais eu le bonheur de faire parvenir les deux insurgés en Angleterre. Je me rendis chez M. Zangiacomi pour le prier de ne pas continuer des perquisitions inutiles et qui causaient des terreurs continuelles à de pauvres femmes. En annonçant à ce magistrat que mes clients étaient à Londres, je lui appris ce que Vidocq avait fait : il n'en fut pas étonné.

J'ai fait la même révélation, cinq ou six mois après, à un de nos confrères, Me Lafargue, qui était l'ami de M. le procureur général ; et aujourd'hui j'ai cru pouvoir la faire publiquement aux juges de Vidocq.

Vidocq : Je constate seulement que M. le procureur général n'a jamais su cela par moi.

Perot, marchand de tableaux : Mon domestique, aujourd'hui placé chez M. le baron Sainte-Marie, m'a dit que Delvigne décachetait les lettres de M. Vidocq, et qu'il s'en étai vanté devant lui.

Madame Perot, épouse du précédent témoin, dépose du même fait.

Henry Robert, ex-employé de Vidocq : M. Vidocq m'a demandé si ma femme pourrait aller en Angleterre. Je lui ai fait prendre un passe-port, et ce passe-port n'a pas servi.

M. le Président : On ne l'a pas fait servir à une autre ?

Le témoin : Non, Monsieur.

M. Jomain, expert au tribunal de commerce : J'ai été plusieurs fois arbitre dans les affaires où M. Vidocq était demandeur ; j'ai toujours eu occasion de constater sa loyauté, et il a toujours gagné ses procès.

M. Trotte, rentier, ancien officier : Chez un marchand de vins, j'ai eu occasion de voir M. Ulysse, jeune homme qui me parut fort distingué. Il dit devant moi que, quand il était chez Vidocq, il prenait connaissance des dossiers de son patron et en faisait son profit. Ce monsieur me confia des journaux étrangers qui étaient fort intéressants. Les voici. Je ne les ai pas lus. (On rit.) Je les ai conservés intacts. Tout ce que je sais, c'est qu'il s'agissait de petites dames que des généraux avaient conduites dans des wagons.

Gouffé : Les journaux confiés par Perrenoud appartenaient à un dossier n° 3,288 ; ils avaient été soustraits par Perrenoud.

M. l'Avocat du roi : Et vous vous rappelez de suite l'affaire et son numéro ?

Gouffé : Oui, Monsieur, ces journaux ne peuvent appartenir qu'à l'affaire Valafolie.

M. l'Avocat du roi : Perrenoud a nié ces faits.

Julien, ex-employé de Vidocq : J'avais été chargé l'affaire Duvivier par M. Vidocq ; j'ai fait des démarches, et on m'a dit qu'elles réussiraient. Alors j'ai eu la faiblesse, la bêtise de dire à M. Vidocq que la demande était accordée ; et voilà comme il a répondu à M. Sousquet.

Après une courte suspension d'audience, la parole est donnée à Me Nogent-Saint-Laurent, avocat de Pierre Champaix, partie civile.

XI. — PLAIDOIRIE POUR LA PARTIE CIVILE.

Me Nogent-Saint-Laurent, avocat de la partie civile, s'exprime ainsi :« Messieurs, avant tout, permettez-moi de le dire, je ne viens point accuser aveuglément ni passionnément, et je reconnais bien volontiers tout ce qui est dû à la position particulière du principal prévenu ; son zèle, son habileté, son intelligence, les nombreux services accomplis dans un autre temps, je me plais à les constater, et personne, pas même son honorable défenseur, personne plus que moi ne lui rendra justice à cet égard.

» Mais aussi il y a une restriction à faire : précisément à cause de son habileté, de son intelligence, Vidocq aurait dû comprendre qu'il ne faut pas créer des agences qui constituent une police; il aurait dû comprendre que, dans un pays de civilisation comme le nôtre, la police ne peut être exercée que dans les limites de la loi ; qu'elle n'est morale et utile qu'à la condition d'agir d'après l'ordre et sous le contrôle de l'autorité, qu'à la condition de ne pas être arbitraire; il aurait dû comprendre qu'à côté de tous les pouvoirs il faut des garanties, et que l'un des moyens d'ordre public le plus salutaire, mais aussi le plus délicat à exercer, ne peut, sans un danger extrême, être mis aux mains d'un seul homme qui ne relève que de son caprice ou de sa propre volonté.

» Poursuivre les mauvais débiteurs, protéger le vrai commerce contre les industries simulées, recueillir des renseignements sur la solvabilité commerciale de certains individus, les donner à prix d'argent..., je le comprends, je le veux bien. Mais pénétrer dans le sanctuaire des familles, surveiller la femme ou le mari; être sans respect, sans scrupules, pour les choses les plus saintes; soulever tous les voiles, pénétrer tous les mystères, servir toutes les passions, tous les intérêts, parodier l'action préventive de la justice, se jouer de la liberté individuelle, tout cela sans discernement, tout cela en vue d'un bénéfice stipulé par avance, voilà ce que je ne puis comprendre, voilà ce que je ne puis tolérer.... »

Me Nogent-Saint-Laurent discute ensuite les deux faits de la plainte de Champaix.

L'avocat de la partie civile, s'expliquant sur la question des dommages-intérêts, déclare s'en rapporter à la haute prudence du tribunal. Il prie seulement le tribunal de ne pas oublier que Vidocq a fait signer à Champaix une renonciation à 2,200 francs qui étaient entre les mains de Tartière; Tartière a pris la fuite depuis sans restituer la somme. Ces 2,200 fr. pourraient être rapportés utilement à la masse des créanciers de Champaix, et Vidocq et ses complices doivent en être responsables.

XII. — RÉQUISITOIRE DU MINISTÈRE PUBLIC.

M. Anspach, avocat du roi, a la parole pour soutenir la prévention :

« Messieurs, une des plus saillantes prétentions de Vidocq il la proclame avec cette satisfaction vaniteuse qui a pu vous frapper, et avec tout le charlatanisme du prospectus : toutes les fois que la justice est appelée à scruter sa conduite, c'est que tout le monde parle de lui sans le connaître, personne non plus n'apprécie à sa valeur l'importance, l'utilité de l'établissement qu'il a créé et qu'il dirige.

» Si ces jactances s'adressent à cette partie du public toujours facile à tromper, à ces instincts aveugles trop excités de nos jours, et dont l'intérêt se fixe toujours à ce qui sort des voies normales, Vidocq a raison, et en cela encore il fait preuve de cette intelligence, de ce discernement, qui lui font si habilement saisir et exploiter les faiblesses de ceux qui l'approchent. S'il ne s'adresse qu'à la justice, il se trompe. Pour elle point de ces fascinations, point de ces égarements d'imagination qui prennent le change; pour elle Vidocq et son industrie sont depuis long-temps connus, moralement appréciés.

» Déjà, en effet, elle avait dû poursuivre cet homme de ses investigations, déjà elle avait constaté que cet homme si dangereux pour le repos des familles, malgré les quelques services individuels qu'il avait pu rendre parfois, acceptait toute mission sans s'inquiéter de ce qui, dans l'emploi des moyens, blessait la morale et la délicatesse, pourvu qu'on le payât bien. Mais elle avait déclaré aussi, dans sa sévère impartialité, que l'inculpé avait parfaitement discerné la ligne si souvent insaisissable qui sépare l'acte immoral de l'acte criminel, et que la loi pénale ne pouvait pas atteindre. Vidocq, flétri par l'ordonnance qui le renvoyait de cette poursuite, se montra peu soucieux du blâme des magistrats; fort de l'impunité matérielle, il fit servir son triomphe à ses nouvelles annonces pour la reprise de son industrie, de l'exploitation de son agence. Nous devons, Messieurs, vous en dire un mot, ainsi que de l'homme que vous avez à juger. »

Ici M. l'Avocat du roi passe rapidement en revue la carrière de Vidocq, rappelle qu'il a débuté par une condamnation pour faux; le suit dans les différentes phases de son existence, où il a été mis à même de rendre des services à l'autorité, qui l'avait employé, et reconnaît que dans les différents postes qui lui ont été confiés il a fait preuve de zèle et d'intelligence; puis il arrive à la fondation de l'agence de renseignements fondée par Vidocq, et qu'il a toujours voulu présenter comme l'égide et la sauvegarde du commerce contre les fripons. Le ministère public se demande si cette création de Vidocq est toujours restée fidèle au but spécieux et honorable de son origine, et il est bien obligé de reconnaître que

Vidocq a souvent abusé de la position qu'il s'était faite pour se livrer à des actes que repousse la morale ; il cite divers exemples dont il a été question dans les débats ; il démontre que ses agents reçoivent de lui des instructions coupables, qui les initient à l'intimité des secrets et des mystères de l'intérieur des familles, et en fait des instruments dociles pour lui prêter main-forte dans les arrestations qu'il lui plaît de faire des personnes qu'il représente comme des débiteurs poursuivis par lui à la requête de ses prétendus clients.

M. l'Avocat du roi continue en ces termes : Quelles étaient ses occupations ordinaires?

« Aujourd'hui, il acceptait d'un mari la surveillance de sa maîtresse, rôle honteux et qu'un homme qui prétend à l'estime de ses concitoyens ne devrait pas accepter.

» Une autre fois, il était chargé d'espionner une jeune fille demeurant rue Tiquetonne. Son agent Dutuit louait, par son ordre, une chambre à côté de celle de cette jeune fille, faisait un trou dans la cloison avec une vrille, et savait ainsi si elle recevait quelqu'un, et quelles personnes elle recevait. C'est là une infamie, et Dutuit nous l'a révélée (1).

» Un homme estimable, bien placé dans la société, avait eu des relations avant son mariage ; il avait épousé une femme de son rang et de sa fortune ; sa maîtresse délaissée charge Vidocq de prendre des renseignements sur la femme légiti-

---

(1) Voici l'explication donnée par Vidocq sur ce fait dans son mémoire devant la Cour :

« Dans cette affaire il s'agissait non d'une jeune fille, mais d'une femme mariée qui avait fui de chez elle, et que la famille m'avait donné mission de surveiller, afin qu'on ne perdît plus ses traces ; pour cela il était inutile de voir ce qu'elle faisait même dans sa chambre. Je n'ai donc pu donner l'ordre de faire un trou à la cloison ; d'ailleurs la chambre de l'agent n'était pas contigue à celle de la jeune fille ; il est évident que cet agent en a imposé dans sa déclaration. La famille a fait des démarches auprès de la jeune femme et l'a ramenée dans son sein. »

me, de lui livrer tout ce qui pourrait lui être défavorable, et Vidocq accepte cette mission ! Voilà le tuteur des unions légales et de la paix des ménages !

» Voici un autre fait.

» Un homme vivait à Paris dans une haute position sociale ; il voulait se séparer de sa femme et obtenir un jugement de séparation. Sa femme n'avait jamais donné lieu au moindre reproche, au moindre soupçon. Il va trouver Vidocq ; il lui dit toutes les habitudes de sa femme, il lui donne des moyens certains pour la séduire ; il dit, par exemple, qu'il faut lui parler de ses yeux, de ses cheveux. Vidocq accepte, Vidocq entreprend, de la part de ce misérable époux, la mission de lui procurer un flagrant délit. (Mouvement.)

» Vidocq se défendra en vain sur ce fait avec son habileté ordinaire. Nous avons une lettre de lui. Il écrivait au mari :

« Monsieur,

» J'ai fait venir aussitôt la personne en question. Elle est
» disposée à accepter la mission dont nous voulons la char-
» ger. Mais elle m'a demandé aussitôt quelle prime lui serait
» accordée. Je n'ai pu répondre à cette question. C'est à
» vous à le faire. J'ai jugé convenable de vous donner un
» aperçu des dépenses. Il faut que la personne se présente
» comme un homme aisé, riche. Un cabriolet et un groom
» lui sont indispensables. Ce premier article ira à 20 francs
» par jour. Puis en futilités, des fleurs, des billets de l'Opéra,
» 15 fr. Le tout ira bien à 7 ou 800 fr. par mois ; plus la
» prime qu'il demande, etc., etc. »

» Voilà la lettre de Vidocq. Maintenant, pour compléter cet-
» te scandaleuse histoire, je dois donner lecture d'une autre
» lettre que le séducteur choisi écrivait deux jours après à
» Vidocq :

« Hier, après vous avoir quitté, mon cher colonel, j'ai été
» en proie à une fièvre désespérée, qui m'a empêché d'assi-

» ster à l'intéressante entrevue, et m'a complétement assas-
» siné; cela fait que je ne pourrai pas charger la redoute.
» (On rit.) Mais, sitôt guéri, si l'ennemie se montrait encore,
» je ne balancerais pas, et je me présenterais armé de toutes
» pièces. » (Hilarité.)

» Croyez bien, messieurs, que je ne vous donne pas ces dé-
» tails pour satisfaire une vaine curiosité, mais pour mon-
» trer au public, trop prompt à s'abuser, et qui ne connaît
» pas Vidocq comme le connaisent les magistrats, quel est
» l'homme qui prétend encore à l'estime des honnêtes gens.

» La lettre finissait ainsi :

« Croyez bien, mon cher colonel, au regret que j'éprouve
» de ne pouvoir briller sous vos ordres dans une pareille
» campagne » (1).

» Encore une fois, voilà Vidocq, voilà ses manœuvres, voilà ses habitudes!

» Renvoyé d'une première poursuite par une ordonnance de non-lieu, Vidocq a cru qu'on n'oserait plus le toucher, qu'il était libre d'agir comme il l'entendrait. Oui..., mais c'était à condition qu'il ne tomberait plus sous les prescriptions de la loi, car la justice veille toujours! Eh bien! Vidocq n'a pas été assez prudent pour rester dans les limites qui lui étaient assignées. Lui, le *mèque*, le maître, comme l'appellent les gens au milieu desquels il a l'habitude de vivre, il s'est trompé; son habileté lui a fait défaut; sa trop grande confiance l'a perdu; il a franchi la ligne qui sépare l'immoral du criminel! Voilà pourquoi nous le poursuivons aujourd'hui. »

Ici, M. l'avocat du roi, entrant dans les faits de la cause, établit l'évidence de l'arrestation arbitraire et de la séquestration. Quand même Ulysse Perrenoud serait agent de po-

---

(1) Voir, page 287, l'interrogatoire sur cette affaire.

lice, cela n'ôterait rien à la gravité du fait reproché à Vidocq et à ses complices, le délit reste.

M. l'avocat du roi soutient la prévention contre tous les inculpés et établit la part de responsabilité qui revient à chacun.

« La main sur la conscience, dit-il en terminant, je crois que vous devez, pour l'appréciation de la peine, appliquer à Vidocq la loi dans toute sa sévérité. Cet homme ne mérite aucune espèce d'indulgence; vous avez pu apprécier la haute capacité dont il a fait un si déplorable usage. Pendant vingt ans, il a occupé dans l'administration un poste important. Par la nature même de ses fonctions, il aurait dû apprendre le respect dû à la propriété et au domicile des citoyens. Mieux que personne, il connaît la limite précise qui sépare l'acte immoral de l'acte défendu par la loi. Un premier acquittement a prouvé qu'il connaissait exactement cette limite.

» Cet acquittement, qui se terminait par une flétrissure complète, aurait dû servir d'avertissement à Vidocq; il n'en a pas tenu compte; il a rouvert les bureaux de son imprudente agence. Cette fois, et nous vous l'avons prouvé, il a oublié cette prudence peu honorable du reste qui l'avait guidé dans ses précédentes opérations. Cette fois il s'est rendu coupable du délit d'arrestation et de séquestration, et en outre de trois chefs d'escroquerie distincts. Il est en récidive après condamnation à une peine afflictive et infamante. Nous demandons en conséquence qu'il lui soit fait application, et application sévère des art. 341, 343, 405 et 58, du Code pénal. Nous demandons contre les trois autres prévenus, dont un défaillant, l'application des peines encourues par leur participation respective à chacun desdits actes. »

XIII. — DÉFENSE DE VIDOCQ.

Me Jules Favre: « Messieurs, je viens vous demander, non seulement l'acquittement de Vidocq, mais son acquittement complet et sans réserve. On vous a dit : « C'est un homme habile, un homme important, dangereux ; la nature l'a doué de qualités et d'aptitudes propres à faire impression sur les organes de la justice eux-mêmes. » M. l'avocat du roi est allé plus loin : il vous a parlé du pouvoir de *fascination* de Vidocq. Eh ! mon Dieu ! j'ai vu bien des prévenus, bien des accusés ; je n'en ai pas vu un se présenter devant la justice aussi complétement désarmé de préparations et d'artifices. Ce qu'il vous demande, c'est de faire luire dans votre jugement ce qui n'a peut-être pas brillé assez clairement aux débats : la vérité légale ; rien de plus, rien de moins.

» Permettez-moi de le dire, rien ne s'est passé ici comme dans les causes ordinaires ; devant vous tout se fait, tout se dit au grand jour ; dans cette cause seulement, le langage de M. l'avocat du roi a été sévère, à propos de faits et de noms propres qu'il n'a pas même articulés. Il s'est contenté de vous dire : « Vous savez ce dont je veux parler, vous savez bien à qui je veux faire allusion. » Non, je ne le sais pas, je ne le veux pas savoir. Je n'accorde pas au ministère public le droit d'user de ces réticences et de conclure en disant : « Vidocq, vous êtes un infâme ! » Mettez donc de côté, je vous prie, l'éclat fâcheux de son nom ; traitez-le comme tout autre accusé ; appliquez-lui, comme à tout autre, les règles du droit criminel. »

Ici le défenseur fait cette observation que par deux fois la justice a fait main basse sur les papiers de Vidocq ; que 500 témoins ont été entendus dans l'instruction ; que 38 ont été cités pour l'audience, et que pas un, pas un seul, n'est venu dire : « Cet homme que vous représentez comme un voleur public, comme une plaie sociale, comme une honte de notre époque, cet homme m'a fait tort à moi personnellement d'un centime. »

» Et qui donc l'accuse, je vous prie ? Un seul individu, Champaix, qui est tel, que son défenseur, et je l'en approuve, a fait dès son exorde un immense bon marché tant de sa mo-

ralité que de sa réputation. Laissons donc de côté cet accusateur indigne, ce client dont la jeune pudeur de mon confrère rougit. Si Vidocq est l'homme que vous a si éloquemment représenté l'organe du ministère public, à cheval un pied sur l'extrême limite de l'immoralité, l'autre sur l'extrême limite de l'illégalité, il a été vingt ans à la tête d'une administration importante ; depuis dix ans il en gère une à son compte qui ne l'est guère moins ; pendant ces trente années d'exercice, il aura heurté nécessairement quelque honnête homme, et pas un, je le répète, pas un n'est venu vous dire : « Vidocq m'a fait tort d'un centime. » Au contraire, 40, 50 négociants ont paru à votre barre et vous ont dit : « Nous avons confié à Vidocq des affaires importantes, délicates, et nous n'avons eu qu'à nous louer et à nous louer beaucoup de son entremise.

» M. l'avocat du roi, recherchant un antécédent de Vidocq que j'aurais voulu oublier, vous a dit qu'il avait subi une condamnation afflictive et infamante. Oui, mais il y a de cela cinquante ans. Il y a de cela toute une vie d'homme, deux fois et demi l'espace de temps que la loi exige pour la prescription d'un crime. Ah ! monsieur l'avocat du roi, vous avez été dur, vous avez été impitoyable ! Cinquante ans de probité n'ont pu vous faire oublier une faute d'un jour commise par un jeune homme de dix-huit ans. »

Nous ne suivrons pas l'avocat dans le récit qu'il fait de la vie de Vidocq.

Discutant un à un les faits de la cause, tant ceux qui en font partie essentielle que les faits de moralité, l'avocat essaie de prouver qu'on n'en peut tirer aucune induction contre son client. « Eh mon Dieu! ajoute-t-il, il y avait de singuliers papiers chez Vidocq ! il recevait de singulières demandes, et qui paraîtraient bien compromettantes, si le mot n'était pas à côté de l'énigme.

» Qu'eussiez-vous dit si vous aviez trouvé dans ses papiers

une note ainsi conçue : « On ne tient pas à l'argent, on a be-
» soin d'avoir immédiatement à Paris une femme dont la cuisse
» ait été coupée six pouces au dessus du genou, et qui cepen-
» dant marche avec aisance aidée d'une jambe de bois. » Vous auriez vu là un mystère, un crime. Cette femme, Vidocq l'a trouvée dans les vingt-quatre heures ! De qui s'agissait-il ? d'une honorable et bonne mère de famille, décidée à se laisser mourir plutôt que de supporter une opération indispensable, et à laquelle il s'agissait de prouver que le succès de cette opération était possible !

» Le docteur Koreff vous a raconté l'histoire de son perroquet retrouvé à Bourg-la-Reine par Vidocq. Il a retrouvé de plus la trousse en vermeil du docteur Ségalas, que la police avait vainement recherchée. Il a fait retrouver au maire de Rouen les gens qui lui avaient vendu 1,400 fr. comme cheval de course un animal poussif qui n'en valait pas 30. Il a rendu à M. l'adjoint au maire du 11e arrondissement une tabatière en écaille doublée d'or, que la police recherchait depuis trois mois.

» Il y a quelque chose de plus joli : Un honorable négociant du Havre, cousin de M. le préfet de police et portant son nom, avait été victime d'un vol considérable. Il s'adressa d'abord à son très honorable parent, qui tout naturellement ne dut rien refuser, et ne réussit à rien. En désespoir de cause, il écrivit à Vidocq. Il est vrai que, par une petite pudeur de famille que vous comprendrez, il déguisa toutes les syllabes de son nom, et signa *Tressceled*. Un pareil anagramme n'était pas fait pour arrêter Vidocq. Courrier par courrier, il répondit à M. *Delessert*, négociant au Havre, et lui donna le signalement, le nom et l'adresse des voleurs. »

Abordant les faits de la cause, Me Favre établit qu'il n'y a eu ni arrestation ni séquestration soit de la femme Lasalle, soit de Champaix, deux fripons du reste condamnés avant et depuis en police correctionnelle.

Quant aux trois faits d'escroquerie, ils ne sont pas mieux prouvés. Comment Vidocq pouvait-il, entre autres, se méfier des brevets de la sultane d'Eldire, quand l'autorisation de les accorder est signée par l'homme le plus grave, le plus sérieux de France, par M. Guizot?

Me *Benoît*, du barreau de Versailles, présente la défense de Gouffé, et *Me Moulin* celle de Landier.

A 6 heures 25 minutes, M. le président lève la séance, et la renvoie à demain, 11 heures précises, pour le prononcé du jugement.

XIV. — JUGEMENT.

(*Audience du* 5 *mai* 1843.)

Une foule considérable remplit l'enceinte du tribunal pour connaître le résultat des débats.

A l'ouverture de l'audience M. le président prononce un jugement par lequel le tribunal, regardant comme non établis les faits d'escroquerie au préjudice des sieurs Hardy, François Champaix et Morin,

« En ce qui concerne les faits relatifs à l'arrestation de Pierre Champaix :

» Attendu que ces faits, considérés dans leur ensemble, constituent, non pas une séquestration, mais une arrestation et une détention illégale, c'est-à-dire faite sans ordre des autorités constituées et hors des cas où la loi ordonne de saisir les prévenus;

» Attendu que, si Champaix n'a fait appel à la protection publique ni dans la rue ni dans le bureau, c'est qu'il supposait que Vidocq avait encore, comme précédemment, le caractère d'agent de l'autorité;

» Qu'en outre, dans la position difficile où il se trouvait, laquelle a motivé deux jours après la délivrance d'un mandat par l'autorité compétente, l'intervention d'un homme tel que Vidocq a dû nécessairement l'intimider et l'engager à éviter tout scandale;

» Attendu que Landier s'est rendu complice du délit commis par Vidocq, en procurant à ce dernier les moyens d'arrêter Champaix, et en l'aidant, moyennant une rémunération pécuniaire, dans les faits qui ont préparé ou facilité le délit; attendu que la complicité de Gouffé n'est pas suffisamment démontrée;

» En ce qui touche les conclusions de la partie civile :

» Attendu qu'elles ne sont pas admissibles; que, l'arrestation illégale faite par Vidocq n'ayant précédé que de deux jours celle faite légalement par ordre de M. le préfet de police, le dommage allégué n'est pas justifié; que, si Champaix n'est pas payé par Tartier, ce n'est point par le fait de son arrestation, ni même par suite de circonstances dont Vidocq et Landier ne sauraient être déclarés responsables;

» Attendu que, si Champaix, en sa qualité de partie civile, est responsable des dépens vis-à-vis le Trésor, sauf son recours contre les prévenus, il ne serait pas juste cependant de lui faire supporter la totalité des dépens d'une volumineuse procédure, dont la plus grande partie a eu lieu dans un intérêt autre que le sien, c'est-à-dire dans un intérêt d'ordre public; qu'en cet état il y a lieu de faire une restitution par suite de laquelle Champaix n'aura à sa charge qu'une fraction de dépense proportionnée à son intérêt;

» En ce qui touche l'escroquerie au préjudice du marquis Duvivier :

» Attendu qu'il est établi que, vers la fin de l'année 1841, Vidocq a été chargé par un sieur Sousquet, mandataire du marquis Duvivier, de faire des démarches dans le but d'arriver à obtenir pour ledit marquis la décoration de la Légion-d'Honneur, déjà sollicitée; que Vidocq a accepté cette mission;

» Qu'ayant remarqué dans l'entretien qu'il a eu avec Sousquet que le sieur Duvivier désirait joindre à la croix de la Légion-d'Honneur quelques décorations étrangères, il s'empara de cette idée, et offrit de lui faire obtenir, soit une croix d'Espagne, soit la croix de l'Éperon-d'Or, soit un ordre asiatique de la sultane d'Eldire, moyennant 15,000 f.; que, cette proposition ayant été agréée, Vidocq se fit délivrer deux brevets, l'un de l'Eperon-d'Or, l'autre de la sultane, qu'il acheta 1,200 fr. suivant lui, et 850 fr. suivant quelques témoins, et les transmit à Duvivier;

» Qu'une correspondance s'engagea à cette occasion, pendant plusieurs mois, entre Sousquet et Vidocq, sous le nom de Maniez, qui est celui de sa femme, et que, dans cette correspondance, Vidocq entretint Sousquet des démarches qu'il faisait, disait-il, pour arriver à faire obtenir la décoration de la Légion-d'Honneur, et finit par lui annoncer qu'elles avaient eu un heureux résultat, puisque la nomination allait paraître officiellement, ce qui cependant ne s'est pas réalisé;

» Attendu que par ces divers moyens Vidocq est parvenu à se faire envoyer en diverses fois une somme de 15,000 fr., sur laquelle il n'a conservé en définitive que 3,000 fr.;

» Attendu que ces 3,000 fr. ont été escroqués au préjudice de Duvivier; qu'il est constant en effet pour le tribunal que, si Duvivier a versé ces 3,000 fr., ou s'il a autorisé Vidocq à les conserver, c'est qu'il a cru que les décorations qu'on lui a procurées avaient quelque valeur, qu'il n'en est rien cependant;

» Que Sertorio était sans qualité pour délivrer l'Ordre de l'Éperon, et l'Ordre de la sultane d'Eldire n'était qu'une décoration insignifiante qui ne peut se porter que dans l'intérieur d'un cercle à la fondation duquel elle se rattache;

» Attendu que Vidocq, tenant bureau de renseignements universels, ne pouvait pas ignorer le défaut de valeur des décorations qu'il faisait parvenir à Duvivier; qu'en les lui proposant et transmettant dans les circonstances ci-dessus relevées, il employait évidemment des manœuvres frauduleuses pour faire croire à un crédit imaginaire, pour faire naître l'espérance d'un événement chimérique, et déterminer ainsi une remise de fonds ou l'autorisation de conserver partie de ceux qui lui avaient été envoyés ;

» Que, s'il est vrai que Vidocq a dépensé 1,520 f., la seule conséquence qu'on puisse en induire, c'est qu'il n'y a eu escroquerie que de 1,480 fr., et non de 2,500 fr. comme le porte l'ordonnance de la chambre du conseil, mais que cette conséquence n'est pas moins complètement admissible, puisqu'il est évident que les 1,200 fr. que Vidocq prétend avoir payés aux marchands de décorations ne représentent aucune valeur sérieuse et ne peuvent rester en compte, mais que cette circonstance est de peu d'importance au procès, le tribunal n'ayant pas à apprécier le préjudice causé, mais seulement la criminalité de l'action qui lui est dénoncée ;

» Attendu qu'il résulte de tout ce que dessus que Vidocq, convaincu d'avoir commis en 1842 1° le délit d'arrestation et de détention illégale prévu par les art. 340 et 343 C. pén.;

» 2° Celui d'escroquerie prévu par l'art. 405 dudit Code ;

» Que déjà, le 7 nivôse an 5, Vidocq a été condamné à huit ans de fers par le tribunal criminel séant à Douai, pour faux en écriture ;

» Qu'il se trouve dans le cas de récidive prévu par l'art. 53 du C. pén.;

» Que Landier est complice de l'arrestation illégale et doit subir les peines résultant des art. 34, 343 et 60, du C. pén.;

» Vu lesdits articles ;

» Le tribunal renvoie Vidocq et Tartier de la prévention d'escroquerie au préjudice des sieurs Hardy, François Champaix et Morin ; renvoie également Gouffé de la prévention de complicité d'arrestation et de séquestration illégales ; déclare définitive sa liberté sans caution, ordonne la restitution du cautionnement ; condamne Vidocq à cinq années d'emprisonnement et 3,000 fr. d'amende, Landier à deux années d'emprisonnement ; ordonne que lesdits Vidocq et Landier, après avoir subi leur peine, resteront chacun pendant cinq ans sous la surveillance de la haute police, et les condamne aux dépens; déboute la partie civile de ses conclusions en paiement d'une somme de 2,200 fr.;

» Ordonne que Champaix ne sera redévable envers le Trésor que pour un vingtième des frais, sauf son recours contre Vidocq et Landier; fixe à une année la durée de la contrainte par corps à exercer par le Trésor contre Vidocq et Landier pour le recouvrement de l'amende et les dépens, et à six mois la durée de celle à exercer par Champaix contre Vidocq et Landier pour la portion des frais dont il est responsable envers le Trésor, et pour lesquels il a un recours contre les condamnés. »

XV. — APPEL DE VIDOCQ. — AFFAIRE DUVIVIER.

Plusieurs journaux, en rapportant le jugement que nous venons de faire connaître, ajoutèrent que cette condamnation avait fait une fâcheuse impression dans l'auditoire. Les débats, en ce qui concernait les chefs d'accusation, ne l'avaient point fait pressentir, et elle semblait s'appliquer moins à la cause qu'à d'autres préoccupations, honorables sans doute, mais étrangères au procès, qui auraient exercé trop d'influence sur l'esprit des juges.

Il est évident que les motifs du jugement ne la justifiaient pas. Champaix déclarait avoir suivi volontairement Vidocq sans que celui-ci eût usé d'aucune violence, d'aucune contrainte. Dès lors, où était le délit? Dans l'erreur de Champaix, qui supposait, dit le jugement, que Vidocq « avait » encore, comme précédemment, le caractère d'agent de » l'autorité? » En fait, d'abord, cette erreur n'est pas probable; elle n'était même pas possible pour un *faiseur* (suivant l'expression de Vidocq) comme Champaix. Mais, en droit, comment l'erreur de Champaix pouvait-elle faire le crime de Vidocq, si ce dernier ne l'avait fait naître par aucune qualification qu'il se serait donnée à lui-même, par aucune manœuvre ou par aucun appel au nom de la loi? Or les motifs n'énoncent aucun grief de ce genre.

On ne voit pas davantage de quelle circonstance naîtrait le délit dans l'affaire Duvivier. Le considérant se base sur le même vice de raisonnement que dans l'affaire précédente. C'est par la volonté formelle de M. Duvivier que Vidocq avait conservé 3,000 francs. « C'est que M. Duvivier *a cru*, dit le » jugement, que les décorations qu'on lui a promises avaient » quelque valeur. » Dans un mémoire devant la Cour, Vidocq oppose à cette allégation, en fait, une observation péremptoire : « Personne de sensé, dit-il, ne peut croire qu'une » décoration qu'on se procure à prix d'argent puisse avoir » quelque valeur ; en eût-elle, dès le principe, qu'elle la » perdrait dès qu'elle devient une marchandise. » Mais, en droit, qu'importe ce que M. Duvivier a cru ? Il faudrait dire par quelle manœuvre Vidocq a fait naître ou favorisé cette croyance. Or il est avoué que la croix de Malte, ou de l'Eperon-d'Or, a été demandée par M. Sousquet ; et quant à la décoration de la *sultane d'Eldire*, que Vidocq en a parlé positivement en ces termes : « Cette croix est *de peu d'importan-* » *ce*, mais le ruban en est joli. » Puissante recommandation et manœuvre essentiellement frauduleuse : *le ruban en est joli !*

Cette affaire Duvivier, ainsi que l'a dit M. le conseiller de Jurien dans son rapport à la Cour, est, comme étude de mœurs, un des épisodes les plus curieux de ce procès, déjà si curieux en lui-même. Les détails rapportés par Vidocq dans son mémoire justifient cette observation.

Vidocq fait connaître quel fut l'embarras de M. Sousquet et de M. le marquis Duvivier lorsque la justice vint chercher des traces de délit dans des relations qu'avait amenées entre ces messieurs et son agence l'innocente ambition conçue par M. Duvivier de voir sa boutonnière ornée de rubans.

Interrogé le premier le 7 décembre 1842, M. Sousquet fait tout d'abord une fable : Ce n'est pas lui qui se rend chez Vidocq. Il rencontre la veille un *jeune homme suisse nommé*

Granel qu'il a connu autrefois à Lyon et auquel il laisse les notes relatives à la demande de M. Duvivier. La poste lui apporte bientôt à Latour-du-Pin une note conçue à peu près en ces termes : . . . .

« On a déposé à notre maison une note des réclamations » que M. Duvivier adresse à la Chancellerie et dans divers » ministères relativement à la décoration de la Légion-d'Honneur. Si M. Duvivier persiste dans ses intentions, il faudra » nous envoyer une note plus détaillée, et sous peu nous » vous transmettrons l'état des pièces qu'il aura à fournir » pour appuyer sa demande; envoyez la note à la maison » Maniez, rue Vivienne, n° 13 ou 17. » M. Sousquet ajoute que cette lettre *n'était pas signée*, ni aucune des lettres qu'il a reçues de cette maison. . . . .

« Le marquis Duvivier, continue le témoin, fit passer aussitôt à la maison Maniez la petite somme réclamée, et en » même temps il leur demanda s'ils ne pourraient pas lui » faire obtenir la croix de l'ordre de Malte, à laquelle il » pensait avoir droit en vertu de ses titres de famille. On » répondit que c'était la cour de Rome qui accordait cette » décoration, et que, pour l'obtenir, il fallait établir que sa » famille avait fait des donations à l'église ou rendu d'autres » services de cette nature. Quand M. Duvivier apprit cela, » il s'écria qu'il avait eu des tantes chanoinesses qui avaient » fait beaucoup de bien au clergé, et il envoya une nouvelle » note de ses titres à obtenir cette nouvelle décoration. En » même temps il demanda combien il lui en coûterait pour » l'obtenir. La maison Maniez répondit que la nouvelle décoration que désirait M. Duvivier était très facile à obtenir, et ils évaluèrent les démarches à faire afin d'obtenir » les décorations à la somme de 1,500 fr., payables seulement après la délivrance des brevets. M. Duvivier me dit » qu'il serait curieux de voir comment étaient ces brevets » de Malte, et me chargea d'écrire à la maison Maniez pour » la prier de nous en confier un pendant quelques jours.

» Environ quinze jours après, je reçus un petit paquet que
» je portai au château de M. Duvivier ; il renfermait un as-
» sez grand parchemin, délivré, je crois, à un comte ou à un
» chevalier, capitaine de cavalerie au service d'une puis-
» sance étrangère. Ce brevet était daté de la fin de la restau-
» ration ; à ce parchemin était joint un billet de la maison
» Maniez, portant que ce brevet avait été confié par la per-
» sonne à laquelle il appartenait, et que M. Duvivier était
» prié d'en avoir soin et de le renvoyer bientôt, parce qu'on
» ne le lui avait confié que pour lui faire plaisir et sous la
» responsabilité de la maison. En effet, le brevet fut renvoyé
» au bout de trois à quatre jours . . . . »

Après d'autres détails qui se retrouvent dans sa déposition à l'audience, M. Sousquet ajoute encore :

« Outre la réclamation dont j'ai parlé, M. Duvivier a
» chargé une fois ou deux la maison Maniez de recouvre-
» ments de créances sur Paris ; ces recouvrements ont été
» faits très exactement. La maison en a envoyé le montant
» en bonnes valeurs sur la place de Lyon. Elle a pris un très
» léger escompte ou droit de commission. J'ai pu recevoir en
» tout neuf ou dix lettres de la maison Maniez. »

Le juge fait plusieurs questions :

D. Ne saviez-vous pas que le nom de *Maniez* était un nom supposé par le nommé Vidocq, agent d'affaires à Paris ? — *R.* J'ai fini par supposer que ce nom pouvait bien être un nom d'emprunt pris par une société. — *D.* Ne connaissez-vous pas à Paris un nommé Romarin Lugan ? — *R.* Non, Monsieur.

D. Et un nommé Sertorius, le connaîtriez-vous ? — *R.* Ce nom ne m'est pas inconnu. — Après un moment de réflexion, le témoin dit : Je me rappelle bien que le brevet qui avait été envoyé comme modèle au marquis Duvivier était délivré à la famille Sertorius.

D. Ne savez-vous pas que M. Duvivier aurait compté au prétendu Maniez une somme de 4,000 fr. ? — *R.* Je n'en crois rien. Si M. Duvivier avait eu une somme pareille à envoyer à Paris, il l'aurait fait, je pense, par mon intermédiaire, et j'en aurais eu connaissance.

D. Ne savez-vous pas que le marquis Duvivier possède en l'état plusieurs brevets qui lui auraient été expédiés de Paris? — *R.* Je l'ignore; s'il en avait eu, je pense qu'il me les aurait montrés.

» Cette première déposition de M. Sousquet, dit Vidocq dans son mémoire, n'avait même pas le mérite de la vraisemblance; il le comprit, et dès le surlendemain, 9 décembre, il se rendait de lui-même chez le magistrat chargé de la commission rogatoire, et lui faisait une seconde déposition en ces termes :

« Depuis ma dernière déposition, j'ai réfléchi que je devais toute la vérité à la justice : la crainte de me compromettre m'avait empêché de la dire; aujourd'hui, poussé par ma conscience, je vais tout déclarer.

» Quand je fus à Paris, pour les motifs que j'ai déjà exposés, je m'informai d'une maison d'agence d'affaires. Un commissionnaire de place m'en indiqua une rue ou passage Vivienne, je m'y rendis. Je trouvai, dans un appartement magnifiquement meublé, un homme paraissant âgé d'une quarantaine d'années, richement vêtu; il me demanda ce qui m'amenait; je lui dis que j'étais chargé de faire des réclamations pour le marquis Duvivier, qui sollicitait la croix de la Légion-d'Honneur. Ce monsieur, après m'avoir dit qu'il ne s'occupait que de réclamations légales, prit mon nom et mon adresse, ainsi que le nom et l'adresse de M. Duvivier; et, apprenant que je quittais Paris le surlendemain, il me dit qu'il m'enverrait sous peu la note des pièces que devait fournir M. Duvivier à l'appui de sa demande. Je demandai à cet agent d'affaires ce que pourrait coûter à M. Duvivier l'obtention de la croix d'honneur. Il me répondit que cette affaire exigeait beaucoup de soins et de démarches, et qu'il lui faudrait une somme

» de 1,500 fr. Je dis encore à ce monsieur que le marquis
» Duvivier désirait obtenir des décorations étrangères, et
» lui demandai s'il pourrait lui en faire avoir. Il répondit
» qu'il y réfléchirait, qu'il pourrait s'occuper de cette affaire
» aussi bien que de la première; que le point important était
» d'obtenir la croix de la Légion-d'Honneur; que, celle-là
» obtenue, les autres seraient plus faciles à avoir. Comme
» M. Duvivier m'avait dit, avant mon départ, que des mem-
» bres de sa famille avaient obtenu la croix de Malte, la
» croix de Rome (ou croix de l'Éperon-d'Or), et la croix
» d'Espagne (sans autre désignation), et qu'il désirait être
» pourvu des mêmes ordres, j'en parlai à l'agent d'affaires,
» en lui demandant ce que leur obtention pourrait coûter. Il
» me répondit : Il y a des croix étrangères très faciles à ob-
» tenir et d'autres très difficiles, ce qui fait varier le prix
» qu'il faut payer pour les avoir; mais on peut les mettre
» les unes dans les autres à 3 ou 4,000 fr. pièce. Je lui de-
» mandai quelques détails sur ces ordres étrangers; l'agent
» me répondit : La croix de l'Éperon-d'Or, ou la croix de
» Rome, est la plus facile à obtenir; cependant elle ne s'ac-
» corde qu'aux personnes d'une maison distinguée, qui au-
» raient rendu par elles-mêmes ou par leur famille des
» services à l'église catholique : par exemple, par des dons.
» Je répondis que M. Duvivier était dans cette position, car
» il m'avait dit que ses tantes avaient fait des donations
» pieuses pour plus de 50,000 écus, et qu'après leur mort il
» avait eu une trentaine de mille francs de legs à payer aux
» églises.

» Ensuite il fut question de la croix d'Espagne. L'agent
» d'affaires me dit que celle-là était beaucoup plus difficile
» à obtenir; que le gouvernement espagnol n'était pas sta-
» ble en ce moment. Il me demanda quels titres le marquis
» Duvivier pourrait faire valoir. Je lui répondis qu'il avait
» rendu service aux réfugiés espagnols, dont il avait nourri
» un grand nombre.

» Je ne me rappelle pas si nous conversâmes au sujet de » la croix de Malte. Je me souviens que cet agent d'affai- » res me dit encore : Outre ces croix, il en est d'autres plus » faciles à obtenir; par exemple, une croix que les sultanes » accordent. Cette croix est de peu d'importance, mais le » ruban est joli. Je demandai encore si, après avoir reçu » les brevets, M. Duvivier aurait bien le droit de porter ces » décorations; l'agent d'affaires répondit que, le brevet de la » Légion-d'Honneur une fois obtenu, on était dispensé des » autres autorisations, etc.....

» En quittant cet agent d'affaires, dont j'ignorais le nom, » il m'engagea à revenir le surlendemain.

» Il n'y a rien à changer relativement à ce que j'ai déclaré » concernant la correspondance; mais je dois dire qu'ayant » raconté à M. Duvivier la conversation que j'avais eue avec » l'agent d'affaires de Paris, le marquis, enchanté de l'idée » qu'il pourrait obtenir, outre la croix de la Légion-d'Hon- » neur, trois ou quatre décorations étrangères, me chargea » d'écrire que, si on lui faisait obtenir toutes ces décorations, » il donnerait pour le tout une somme de 15,000 fr. Il dési- » gna, outre la croix de la Légion-d'Honneur, la croix de » l'Éperon-d'Or, la croix d'Espagne, et la croix de la Sul- » tane, comme celles qu'il désirait obtenir. On répondit » qu'on allait s'en occuper. Trois semaines ou un mois » après, sur la demande de M. Duvivier, à ce que je crois » sans en être sûr, on lui envoya, comme modèle, le brevet » de l'Éperon-d'Or, où il était question de la famille Serto- » rius. Ce brevet fut renvoyé au bout de quelques jours, et » environ un mois après, on envoya un brevet de chevalier » de l'Éperon-d'Or au nom du marquis Duvivier. Quelques » semaines après on expédia le brevet de la Sultane. Ce » brevet était sur parchemin, ainsi que le premier; mais il » était écrit en français, tandis que le premier était écrit en » latin. »

D. Les contradictions qui existent entre vos deux dépositions

tions doivent nécessairement inspirer peu de confiance dans votre témoignage; que sont devenues les lettres que vous avez reçues de la maison Maniez? — *R*. Quand j'ai vu que ces affaires de brevet prenaient une tournure suspecte, craignant que ces lettres n'attirassent du désagrément à M. Duvivier, je les ai brûlées; c'est-à-dire j'ai brûlé celles qui étaient restées entre mes mains, au nombre de deux ou trois, et insignifiantes; j'avais remis les autres à M. Duvivier. Je ne pense pas qu'il en ait conservé; il n'y a point d'ordre dans cette maison, et il jette ordinairement au feu les lettres à mesure qu'il les reçoit. En terminant, je dois dire que M. Duvivier, en renvoyant les brevets, n'a pas renvoyé les croix, que je ne lui avais pas remises, craignant qu'il ne les portât avant d'avoir reçu l'autorisation royale. Ces deux croix sont encore chez moi, et je les remettrai à la justice aussitôt qu'elle les demandera.

M. le marquis Duvivier fut aussi interrogé, et voici la déposition qu'il fit le 14 décembre 1842 :

« Sur la fin d'octobre 1841, je chargeai un sieur Sousquet
» d'aller à Paris pour suivre un procès que j'avais à la Cour de
» cassation, et en même temps je recommandai au sieur
» Sousquet de prendre des informations et faire des démar-
» ches au sujet d'une demande que j'avais faite dans le temps
» pour obtenir la décoration de la Légion-d'Honneur. Le
» sieur Sousquet n'allant à Paris que pour mes affaires, je
» lui ai remis une somme de 600 fr. pour ses frais de voyage.
» Le sieur Sousquet resta environ un mois à Paris, et pen-
» dant son séjour il ne m'écrivit pas. A son retour, Sousquet
» me dit qu'il n'avait pu pénétrer dans les bureaux de la
» Chancellerie, mais qu'il s'était confié à un ami qui lui avait
» promis de lui donner l'adresse d'une maison à Paris qui se
» chargerait de suivre les demandes de M. Duvivier, aux-
» quelles celui-ci croyait avoir des droits. Quinze jours après
» son retour de Paris, Sousquet reçut une lettre de la mai-

» son Maniez, de Paris, qui lui annonçait qu'elle se charge» rait des demandes de décorations de M. Duvivier, moyen» nant des pièces authentiques à l'appui. Aussitôt je remis » au sieur Sousquet toutes les pièces que je croyais nécessai» res afin d'obtenir la décoration de la Légion-d'Honneur, » à laquelle je croyais avoir de justes droits, et je fis deman» der en même temps si l'on ne pourrait pas obtenir quelques » décorations étrangères. »

Le reste de la déclaration contient ce qui a été constaté aux débats, c'est-à-dire que, l'ordonnance ne paraissant pas, la maison Maniez avait offert de renvoyer les 8,000 fr., et la déclaration se termine ainsi :

« Quant aux deux brevets de l'Eperon-d'Or et de la Sul» tane, ils ne sont plus en mon pouvoir, les ayant remis au » sieur Sousquet il y a quelque temps pour être envoyés à » Paris à la maison Maniez. Je n'ai jamais eu en ma pos» session ni les lettres ni les notes adressées à Sousquet par » la maison Maniez. »

Ces dépositions sont suivies, dans le mémoire, des observations que voici :

« En délivrant la commission rogatoire, on n'avait pas cru sans doute pouvoir s'en rapporter à la loyauté de M. le marquis Duvivier et de M. Sousquet pour obtenir d'eux la vérité tout entière. Cette commission rogatoire prescrivit des perquisitions et des investigations; elles furent faites par le juge commis avec une rigueur extrême. Le château de M. le marquis Duvivier fut fouillé : cette mesure l'effraya, ainsi que M. Sousquet.

» D'un autre côté, cette susceptibilité provinciale de M. le marquis Duvivier et de M. Sousquet leur avait toujours inspiré la crainte la plus vive que leurs relations avec moi ne fussent connues; le *post-scriptum* mis au bas d'une lettre de M. Sousquet le prouve suffisamment. M. Sousquet me recommande de faire comme d'habitude, de renfermer mes lettres dans une feuille en blanc *pour que personne ne puisse lire un mot.*

» Le défaut de signature au bas de cette lettre le prouve également; enfin la demande qu'on m'avait faite d'indiquer un autre nom que le mien, pour m'adresser des lettres, en est une troisième preuve. (A cet égard, et pour le dire en passant, c'est là le seul motif pour lequel j'avais dit à M. Sousquet, sur sa demande, d'adresser ses lettres à Mme Maniez, nom de mon épouse; ce n'était nullement pour écarter les défiances, ainsi que le réquisitoire l'a insinué.)

» Les répugnances qu'avaient M. le marquis Duvivier et M. Sousquet à donner la moindre publicité à leurs relations avec moi s'étaient naturellement accrues depuis mon arrestation et le retentissement qu'elle avait eu.

» Sous l'empire de cette double crainte, M. le marquis Duvivier et M. Sousquet perdirent la tête; ils eussent commis tous les crimes qu'on m'imputait, qu'ils n'eussent pas été plus effrayés : tel est l'effet de la triste célébrité que la calomnie a attachée à mon nom.

» Aussi, et je le dis sans avoir l'intention de blesser M. le marquis Duvivier et M. Sousquet, qui ont agi en cette circonstance comme j'en ai vu agir beaucoup d'autres dans des positions analogues; M. le marquis Duvivier et M. Sousquet, dans leurs dépositions, ne se sont pas attachés à recueillir leurs souvenirs pour déposer la vérité: ils n'ont été préoccupés que d'une chose, des moyens d'éviter, ce qu'ils considéraient comme une honte, l'aveu de leurs relations avec moi, et l'aveu, non moins coûteux pour M. Duvivier, qu'il avait attaché de l'importance à des décorations qui n'en ont réellement aucune, et qu'il m'avait chargé de les lui procurer à prix d'argent. Le juge chargé de la commission rogatoire a bien compris que les déclarations de MM. Duvivier et Sousquet ne portaient pas le cachet de la vérité; et ici M. Vidocq cite le contenu d'une lettre dont il vaut mieux reproduire le texte; elle est du juge de paix de La-Tour-du-Pin à M. le juge d'instruction :

» 16 décembre 1842.

» J'ai fait tout ce qui était en mon pouvoir afin de me » procurer les deux brevets de décorations étrangères en- » voyées dans le temps à Sousquet, et remises à M. Duvivier. » Ce dernier a toujours soutenu les avoir rendus à Sousquet » sans vouloir préciser les dates de cette remise; ce Sousquet » a persisté dans la déclaration faite devant vous, à savoir » qu'il avait renvoyé les brevets à Paris dans le mois de » juillet dernier.

» Je ne sais trop jusqu'à quel point on peut ajouter foi aux » déclarations, *soit de M. Duvivier, soit de Sousquet*; quant » à moi, ma conviction est *qu'ils ne disent vrai ni l'un ni* » *l'autre*. L'examen attentif de la procédure vous démontrera » suffisamment que ma conviction est fondée.

» En effet, quant à Sousquet, s'il avait renvoyé les bre- » vets, ils auraient été trouvés chez Vidocq le 18 août, » jour de l'arrestation et de la saisie de ses papiers. Et quant » à M. Duvivier, s'il les avait rendus à Sousquet dans les » premiers jours de juillet dernier, ils n'auraient pas été vus » dans ses mains, d'abord par Coste à la fin de septembre » (voir sa déposition), et ensuite par le sieur Coche, de Bour- » goin, que vous entendrez, à la fin du mois d'août.

» Maintenant, pourquoi ces réticences? Je ne sais trop » qu'en penser. De la part de M. Duvivier il y *a enfantillage*; » de la part de M. Sousquet *il pourrait y avoir autre chose*. » Dans tous les cas je m'y perds. Une seule chose pour moi » positive, c'est que les brevets sont entre les mains de » M. Duvivier, et je crois qu'il est difficile, pour ne pas dire » impossible, de les lui arracher, *car il y tient et affirme qu'ils* » *sont bons et valables*.

» Signé *le juge de paix de La-Tour-du-Pin*. »

» A la lecture des deux dépositions de M. Sousquet, si dis- cordantes entre elles et si peu d'accord avec celle de M. Duvivier ; à la lecture surtout de la lettre adressée par le magistrat du pays qui a été chargé de la commission rogatoire, on ne conçoit pas, poursuit le mémoire, comment une instruction a pu se continuer et formuler une accusation.

» J'en ai la conviction, ces messieurs, en faisant de petits mensonges pour sauver leur amour-propre provincial, n'ont pas cru que leurs dépositions pussent être de nature à motiver des poursuites contre moi, dont ils n'ont pas à se plaindre, et dont ils ne se plaignent pas ; loin de là, ces messieurs ont pensé que leurs dépositions ne pouvaient m'être que favorables et mettre fin à l'instruction. Et cela est si vrai, que l'un d'eux, M. Sousquet, s'est permis même un petit mensonge en ma faveur pour être plus certain encore qu'on ne dirigerait contre moi aucune poursuite : il ne s'est pas contenté d'expliquer les faits en se rapprochant de la vérité, autant qu'a pu le lui permettre la crainte vraiment ridicule sous l'empire de laquelle il déposait ; il a finit par déclarer que j'avais été chargé, pour M. le marquis, de diverses recouvrements que j'avais faits avec fidélité, et dont j'avais envoyé le montant en bonnes traites. Or je n'ai jamais été chargé du plus petit recouvrement pour M. le marquis ; c'est un honneur que me fait M. Sousquet, et qui ne m'appartient pas. J'eusse préféré qu'il n'eût pas eu honte de dire qu'il avait été en relations avec moi, et qu'il m'avait chargé de lui obtenir des décorations étrangères dont il connaissait, ainsi que M. le marquis, la valeur puérile.

» Quoi qu'il en soit, ce petit mensonge en ma faveur prouve que M. Sousquet, et M. Duvivier, qui ne l'a pas démenti, croyaient, dans leurs dépositions, faire ressortir mon innocence ; c'était pour la mettre plus en relief que la fable des recouvrements était inventée, ils voulaient qu'on ne leur reparlât plus de cette fâcheuse affaire.

» Je dois également signaler une erreur dans les dépositions de M. Duvivier et de M. Sousquet ; selon eux, postérieurement aux premiers 1,500 fr., il m'aurait encore été envoyé une somme de 3,000 fr. d'après M. Duvivier, et de 2,000 f. selon M. Sousquet. M. Duvivier a pu remettre pour moi 3,000 fr. à M. Sousquet, mais à coup sûr ce dernier ne me les a pas adressés. Remarquez qu'il ne dit pas m'avoir fait cet envoi, puisque, selon lui, ce ne serait pas par son intermédiaire que ces fonds m'auraient été adressés. Il a pu être question entre ces messieurs de me faire cet envoi; c'est peut-être ce qui leur aura fait commettre l'erreur que je signale; mais assurément ils ne m'ont rien envoyé, cela a été établi du reste depuis, à l'audience, en débattant et expliquant le compte.

» Au reste, ces messieurs n'ont rien dit qui pût faire supposer que j'eusse provoqué, soit par une demande formelle, soit par des insinuations, l'envoi de ces 2,000 ou 3,000 fr. »

Ces éclaircissements, dont nous avons cru devoir faire précéder les débats en Cour royale, en rendront le résumé beaucoup plus court.

XVI. — DÉBATS EN COUR ROYALE.

(*Cour royale de Paris. — Appels correctionnels. — Présidence de M. Simonneau.*)

AUDIENCE DU 22 JUILLET 1843.

La salle est envahie dès 11 heures par une foule nombreuse; quelques dames élégamment parées donnent à cette audience un aspect inaccoutumé.

On introduit Vidocq; il est vêtu très convenablement : habit noir, cravate blanche, manchettes. Il paraît péniblement affecté; ses manières sont simples; il fixe constamment les yeux sur la Cour et sur le Christ; son émotion se trahit de temps à autre par quelques soupirs qu'il ne peut complétement étouffer. Du reste sa tenue est fort digne.

Landier, son coprévenu, est en blouse. Gouffé est libre sous caution.

Sur le même banc que les accusés est assis Champaix, le

plaignant, détenu par suite d'une condamnation à deux années de prison pour escroquerie prononcée depuis la condamnation de Vidocq, et à l'occasion des mêmes faits qui auraient été cause de l'arrestation arbitraire reprochée à l'appelant.

M. Jurien fait un rapport plein de lucidité, et dont la lecture, malgré sa précision, ne dure pas moins de trois heures.

M. le président procède à l'interrogatoire de Vidocq, en se renfermant dans les faits de la cause; Vidocq répond avec convenance et netteté.

Champaix est interrogé. Il soutient que Vidocq l'a arrêté au nom de la loi; que, s'il l'a suivi, c'est qu'il n'a pas voulu occasionner un rassemblement; qu'il croyait que Vidocq était chef de la police de sûreté...

M. le Président, l'interrompant : Mais, si vous croyiez qu'il était à la police, vous deviez savoir que c'était à la préfecture qu'il devait vous conduire, et non pas chez lui. Comment étiez-vous enfermé? — *R.* La porte était fermée, mais non pas à clef. (On rit.)

M. le Président : C'est-à-dire que tout le monde allait et venait librement. Vous avez pris du café? — *R.* Oui.

D. On vous l'a apporté du dehors. — *R.* Oui.

D. Celui qui l'a apporté a bien pu s'en aller? — *R.* Oui, Monsieur.

D. Et vous ne lui avez rien dit? — *R.* Non, Monsieur.

D. Vidocq vous a-t-il fouillé? — *R.* Oui, Monsieur.

D. Qui était présent? — *R.* Il n'y avait que nous deux.

D. Où vous a-t-il fouillé? — *R.* Dans mes poches, partout.

D. Il a exigé votre portefeuille, et vous l'avez remis? — *R.* Oui, Monsieur.

D. Et que contenait-il? — *R.* Il y avait des... du...

M. le Président : C'est-à-dire il n'y avait rien du tout? — *R.* Oui, Monsieur, à peu près. (On rit.)

D. Vous avez signé un papier? — *R.* C'était un pouvoir.

D. Etait-ce écrit? — *R.* Non, c'était en blanc.

D. Avez-vous écrit : Bon pour pouvoir? — *R.* Non, Monsieur, je n'ai écrit que mon nom.

M. le Président : C'est comme si vous n'aviez rien signé du tout.

D. Quand vous avez eu signé, vous êtes parti? — *R.* Oui.

D. Etes-vous allé chez le commissaire de police? — *R.* Non; il faisait nuit. J'ai été coucher à la barrière du Maine.

D. Où alliez-vous quand Vidocq vous a rencontré au pont Royal? — *R.* J'allais chez mes créanciers.

D. Chez lesquels? — *R.* (Avec embarras.) Je ne me rappelle plus....

D. Par lequel deviez-vous commencer? — *R.* Par M. Pichon.

D. Où demeure-t-il? — *R.* Rue Mandar, 13.

D. Et en partant de la rue Jacob pour aller rue Mandar, vous passez par la rue du Bac. Il paraît plus probable que vous alliez à Neuilly.

Champaix ne répond pas.

D. Vous êtes allé le 13 chez Vidocq? — *R.* Non, Monsieur.

D. Permettez, c'est un fait constant, car c'est ce jour-là que vous avez signé les pièces dont je vous parlais. — *R.* Ah! oui, c'est vrai; c'est ce jour-là.

D'autres questions sont adressées à Champaix, et ses réponses embarrassées disposent évidemment la Cour et le public en faveur du système de Vidocq.

Me *Baichère*, défenseur de Landier : M. le président, voulez-vous demander combien d'arrestations légales Champaix a subies avant l'arrestation illégale dont il se plaint?

M. le Président : Il y a à ce sujet une note de police spéciale.

Landier est ensuite interrogé. Il affecte un air niais, et ne répond guère aux questions qu'on lui fait, et qu'il a l'air de ne pas comprendre. Il nie avoir informé Vidocq du passage de Champaix au pont Royal. M. le président lui fait en vain observer que ses dénégations sur ce point sont aussi maladroites qu'invraisemblables : ce prévenu persiste à nier toute participation à l'arrestation de Champaix.

M. le président interroge ensuite Goullé.

D. Gouffé, quels étaient vos rapports avec Vidocq. — *R.* J'étais son commis depuis huit ans.

D. Quelle part avez-vous prise à l'arrestation de Champaix?

Le prévenu rend compte des faits conformément au récit qu'en a déjà fait Vidocq.

Après l'interrogatoire sur les autres faits, M. l'avocat-général Godon soutient l'accusation, déclare qu'il ne demande pas une aggravation de peine; mais il insiste sur les chefs de l'arrestation illégale et de l'escroquerie en ce qui concerne l'affaire Duvivier, et s'en rapporte, en ce qui concerne les autres chefs de prévention, à la prudence de la Cour.

Me Landrin se lève, et, au milieu d'un profond silence, s'exprime en ces termes :

XVII. — PLAIDOIRIE DE Me LANDRIN.

« Frappé par les premiers juges d'une peine terrible, un vieillard de 69 ans, après une carrière agitée et tourmentée jusqu'à l'extraordinaire; après avoir, dans la plus grande partie de cette vie, recueilli constamment les témoignages de satisfaction des dépositaires de l'autorité publique, témoignages qui l'ont seuls soutenu dans les périls et les affronts d'une lutte acharnée et chaque jour renaissante, a, sur la fin de sa carrière, comme il demandait son pain à une industrie patemment exercée sous les yeux et le contrôle de tous, vu tout à coup cette industrie soudainement menacée, renversée, et les portes de la prison s'ouvrir et se fermer sur lui pendant onze mois de captivité préventive. Puis, après une instruction longue, minutieuse, sévère, bien sévère peut-être, lorsqu'on eut entendu 500 témoins, compulsé 8,000 dossiers, il s'est trouvé un tribunal qui, malgré la netteté de ses explications, malgré les efforts d'un talent magnifique et dévoué, a pensé que parmi tous ces faits il en était deux auxquels s'appliquaient les définitions pénales de notre Code : dans l'un il a vu une arrestation, une détention arbitraire; dans l'autre une escroquerie. Cet homme, surpris par un coup qui, à son âge, et dans les conditions où il est placé, est un coup mortel, fait appel à votre justice souveraine; et cet homme, c'est Vidocq !

» Vidocq ! Ce nom soulève et appelle quelques considérations, que je dois déposer dans le sein de la Cour; bien des craintes accompagnent mon client à votre audience, et tout ce qui s'est accompli jusqu'à ce jour les augmente jusqu'au découragement. Vidocq ! Ce nom n'a acquis que trop de célébrité, et cette célébrité étrange ne l'entoure ni de la bienveillance ni des sympathies publiques. Cette prévention, dont je démontrerai l'injustice, n'a-t-elle pas réagi sur les poursuites, sur l'instruction, sur la condamnation ? Sous l'empire de l'espèce d'effroi qu'il inspire, n'aurait-on pas examiné l'industrie qu'il a créée sous un point de vue fâcheux, qui en a grossi les dangers, changé l'aspect, méconnu le but et la moralité ? Puis enfin tous ses actes, soumis dès lors à cette double influence, à cet examen prévenu, ne se sont-ils pas envenimés, colorés d'une immoralité qui ne leur appartint jamais, en telle sorte que, tout écartés qu'ils auraient été du procès, ils en seraient au fond restés la base, la cause, la justification; qu'ils auraient ainsi détourné la justice de ses véritables voies ; que le procès, en lui-même clair, simple, sans ce nom, cet état, ces choses, serait devenu grave avec cette triple escorte, et que le châtiment s'appliquerait bien plus à ce triste entourage qu'à un délit imaginaire ? Cette pensée, Messieurs, qui est devenue chez Vidocq une conviction douloureuse, l'a jeté dans le découragement, dans un abattement profond, et c'est la première fois de sa vie que cette faiblesse inconnue a fait fléchir son énergique nature.

» Disons-le franchement, la marche de l'instruction en première instance, le réquisitoire du ministère public, que je tiens à la main, ses paroles, semblent justifier cette crainte! On a tout examiné, on lui a tout reproché, excepté presque les faits de la cause. — Et, Messieurs, si ces préoccupations, bien qu'injustes, je le démontrerai, avaient accompagné Vidocq jusqu'à votre audience; si elles pouvaient, si elles devaient peser dans la balance de votre justice, je l'avoue, je partagerais ses angoisses, et j'aurais repoussé le fardeau de sa défense; non que ce cortége de faits qu'on cite avec indignation ou colère, ces emportements contre cette industrie, ce nom, cet homme, je n'aie de quoi les repousser et les combattre; mais parce que je ne sais pas d'argument possible contre l'insaisissable fantôme qu'on appelle *faits de moralité*. Pour les combattre, il n'est ni contrôle, ni débats, ni contradiction possible : car ils puisent leur vie, leur force, dans l'interprétation ou la couleur que leur donnent une prévention vulgaire, une opinion publique, que l'on crée ou que l'on fausse à plaisir! Mais, Messieurs, et les dignes paroles de notre loyal adversaire à la Cour m'ont prouvé que j'avais bien compris votre justice, je n'ai pas hésité à le défendre, parce que, si je n'ai pas cru à la vérité de ces reproches, je n'ai pas cru non plus qu'ils lui seraient adressés à votre audience. J'ai, Dieu merci, l'expérience de l'auguste tribunal devant lequel je plaide; c'est le fait incriminé qu'il examine avec sévérité, mais avec justice. Il ne demande au procès que le procès, et c'est là ce qui doit commander ma défense; et telle est ma certitude que votre justice *à vous* ne sortira pas de cette voie, la seule équitable, la seule humaine, que ces faits étrangers aux débats, je ne les discuterai pas, je ne les combattrai pas, car ils ne vous influenceront pas! Et, en preuve de cette confiance dans la haute impartialité de nos juges, sûr que je suis que toutes ces indignes rumeurs mourront sans écho au pied de ce sanctuaire, je vais de suite droit au cœur du procès; j'examine les faits qui le constituent, ses éléments réels, et je les discute brièvement si je le puis, et je l'espère, — loyalement, je l'affirme.

» Ce fut le 17 août dernier que Vidocq fut arrêté, sur la dénonciation d'un homme nommé Champaix, et sous la prévention de séquestration arbitraire. Quelles causes ont amené cette catastrophe ? On les trouve dans l'industrie exercée par Vidocq ; et cette industrie elle-même s'explique, se justifie, par sa vie tout entière. Quelques mots donc vrais, brefs, sur la vie de Vidocq.

» Il est né le 23 juillet 1775. Bien jeune, il fut soldat ; soldat, il a payé de son sang sur presque tous nos champs de batailles sa dette à son pays. Il était bien jeune encore lorsqu'une correction militaire, suite d'une querelle, l'envoya pendant quelques jours en captivité ; là un projet fut conçu par quelques hommes audacieux, celui de faciliter l'évasion d'un vieux prisonnier, père de sept enfants, condamné aux fers pour vol de quelques boisseaux de blé qu'il avait enlevés pour nourrir sa famille pendant la disette de 1793. Un faux ordre de sortie fut fabriqué. Vidocq, étranger, dit-il, à ces faits, fut cependant compromis. Effrayé, il s'évade ; puis, bientôt repris, il s'évade encore ; puis, de nouveau prisonnier, il s'échappe toujours ; et ces évasions, accomplies, il faut le dire, avec une adresse, une imprudence de jeunesse et de courage incroyables, accompagnées de fanfaronnades méprisantes pour l'autorité légale, irritèrent contre lui l'action de la justice, réduite à l'impuissance par sa témérité. Livré enfin à des juges indignés, il fut condamné à 8 ans de fers (1). Voilà ce prétendu crime, si cruellement puni par la législature draconien-

(1) Voici l'extrait du jugement que nous trouvons joint aux lettres de grâce.

« Vu par le tribunal criminel du département du Nord l'acte d'accusation dressé le 25 vendémiaire an 5 contre les nommés Sébastien Boitelle, et François Vidocq, natif d'Arras, âgé de 22 ans, marchand, demeurant à Lille ;

» Le soussigné déclare en conséquence qu'il résulte de l'examen des pièces, etc.

» Que le nommé Boitelle, détenu en la maison d'arrêt dite la tour *Saint-Pierre*, audit Lille, aurait été mis en liberté en vertu d'un prétendu arne de l'époque ! Voilà cette condamnation, qui, après avoir pesé sur toute sa vie, est encore, après quarante ans d'expiation, venu le saisir et l'écraser devant les premiers juges ! Qu'on l'apprécie maintenant, et qu'on le juge ! Vidocq proteste contre sa culpabilité ! Eh bien ! supposez-le coupable, et dites, la main sur la conscience, si, pour un tel crime, une telle flétrissure, une telle peine, ne fut pas une odieuse injustice. De là sa vie, vie que je renonce à peindre ; mais vie affreuse, remplie d'angoisses, de périls, d'aventures et de honte ; vie où toutes les tortures, toutes les misères, tous les affronts, toutes les tentations, ont tour à tour éprouvé son énergie sans jamais l'abattre. Oh ! comment dire ces bagnes avec leurs chaînes, leurs ténèbres, leurs joies terribles, leurs douleurs, leurs mystères infernaux ; ces évasions suivies de misères, d'angoisses, de déceptions si amères ; cet homme, tour à tour soldat, matelot, marchant à pas de géant dans ces carrières brillantes, puis précipité de nouveau dans les

---

rêté du comité de législation, daté depuis 20 brumaire, 4e année de la république, signé Carnot, etc. ;

» Que le 9 avril dernier il a été trouvé dans un des cachots de la maison d'arrêt de Douai un cachet en cuivre sans manche, caché sous le pied d'un lit ; que ledit Vidocq avait couché dans le cachot le jour précédent ; que ce cachet est le même que celui qui se trouve apposé sur l'acte faux, et présente identiquement la même empreinte ; que, lors de la visite que ledit juge de paix du midi de Douai fit le jour précédent du cachot où ledit Vidocq était allé, on entendit, en retournant la literie, tomber quelque chose ayant son de cuivre, or ou argent ; que Vidocq se précipita dessus, et parvint à soustraire l'effet tombé en y substituant un morceau de lime qu'il montra ; qu'il avait été vu précédemment avec le cachet par lesdits Herbaux et Stoffet (ses co-accusés, qui le chargeaient), à qui il a avoué n'avoir été lieutenant du bataillon dont le cachet porte le nom, etc. ; que François Vidocq avait déclaré n'avoir connu Boitelle qu'en prison ; qu'il savait que ce dernier en était sorti en vertu d'un ordre apporté à Coquellé ; qu'il déclara au juge de paix de Douai que le cachet trouvé sous le pied du lit ne venait pas de lui ; qu'il n'avait pas servi dans le bataillon dont le cachet porte le nom, et qu'il ne savait pas si ce bataillon avait été incorporé dans un de ceux où il avait

fers; puis ces essais géminés de toutes les industries honnêtes ou obscures, et toujours le châtiment fatal rompant ses projets, brisant ses carrières commencées, le replongeant dans l'ignominie du bagne, le rattachant violemment à cette chaîne des forçats que dix fois le génie de son désespoir avait brisée! puis, Messieurs, ô supplice le plus terrible, le plus cruel de tous! prisonnier ou libre, Vidocq repoussé de tous les hommes honnêtes, jeté dans les sociétés des plus redoutables malfaiteurs; aux prises, dans ses misères, avec toutes les tentations du crime; et Vidocq luttant contre elles, résistant à ces terribles amitiés, condamné aux corruptions de leur contact sans qu'il conservât une souillure! Et parfois, pour secouer les odieuses tyrannies, Vidocq, inconnu, sans autre profit que celui de se soustraire à leurs affreuses avances, forcé de les livrer à la justice, quand ils ne laissaient à son désespoir que ce moyen d'échapper à la séduction ou à leurs menaces, comme il le fut par les chauffeurs du nord,

---

servi; que, s'il a fait de la résistance lors de la visite du cachot, ce fut à cause du morceau de lime qu'il avait, craignant qu'on ne soupçonnât qu'il voulût s'en servir pour briser ses fers;

» Vu la déclaration du jury spécial du jugement en date de ce jour, portant 1° que le faux mentionné en l'acte d'accusation est constant; 2° que César Herbaux, accusé, est convaincu d'avoir commis ce faux; qu'il est convaincu de l'avoir commis méchamment et à dessein de nuire; 4° que François Vidocq est convaincu d'avoir commis ce faux; 5° qu'il est convaincu de l'avoir commis méchamment et à dessein de nuire; 6° qu'il est constant que ledit faux a été commis en écriture publique et authentique; 7° que Sébastien Boitelle, accusé, n'est pas convaincu d'avoir, par deux promesses, provoqué le coupable ou les coupables à commettre ledit faux;

» Le tribunal, après avoir entendu le commissaire du pouvoir exécutif, et le citoyen Desprès, conseil des accusés, condamne François Vidocq et César Herbaux à la peine de huit années de fers;

Ordonne que lesdits François Vidocq et César Herbaux seront exposés pendant six heures sur un échafaud qui sera pour cet effet dressé sur la place publique de cette commune; ordonne qu'à la diligence du commissaire du pouvoir exécutif le présent jugement sera mis à exécution. »

par les assassins de Lyon! Voilà, pendant 15 ans, quels furent ses luttes, son supplice et sa vie; et cependant ce ne fut là que le prélude de ses malheurs et de son expiation!

»En 1819, Vidocq, rejeté dans la captivité par des misérables dont il avait repoussé l'association, offre à l'autorité ce dévoûment courageux, ce génie inventif, cette activité infatigable, qu'il avait vainement consacrés à se préserver d'un châtiment immérité. On comprit cet homme, on accepta cette offre, et bientôt se révéla, par ses bienfaits de tous les jours, cette admirable police qu'il a créée, dont il eut le génie, et qui vingt ans protégea la société tout entière contre cette autre société occulte et pervertie qui vit au milieu d'elle dans les ténèbres, mais comme une bête malfaisante, pour se nourrir de son sang et de sa substance, la dévorer, la corrompre et la détruire!

»Dire encore tous les tourments, tous les déboires, tous les périls de cette vie exceptionnelle, est impossible. Comment vous montrer Vidocq, tous les jours, sous toutes les formes, cherchant dans tous les repaires, sous tous ses déguisements, le crime pour le dévoiler, le prévenir ou amener son châtiment; et cette terrible mission, la remplissant au prix de tous les périls, et sachant y joindre des sentiments d'humanité étranges, qui souvent ont appelé sur sa tête les bénédictions de ceux dont il avait causé la perte, provoqué la punition légitime? Quelle existence, Messieurs, que celle où, pour remplir un devoir cruel, on n'a plus de demeure, de famille, de nom même, qui vous appartiennent; où, jusqu'aux traits de son visage, on est obligé de tout sacrifier pour devenir cet être mystérieux, épiant sa proie dans l'ombre, et devenant la terreur de ceux-là qui sont eux-mêmes la terreur de tous; et tout cela sans profit, sans honneur; et, grâce aux préjugés que tout le monde partage, inspirant aux gens honnêtes qu'on préserve une répugnance égale à l'effroi qu'on répand chez les criminels qui les menacent! Voilà cette seconde vie, plus affreuse que la première, qui a créé tous ses ennemis, mais qui à nous ne nous laisse que de reconnaissants souvenirs. Car vous et moi, que de fois là, à cette place où ce vieillard est assis, n'avons-nous pas entendu les insultes désespérées des misérables dont il avait causé la perte ou prévenu les crimes proclamer bien haut ses triomphes et constater ses services!

» Placé deux fois à la tête de la police, deux fois il en est sorti volontairement, et là commence pour lui cette troisième carrière, où il n'a trouvé encore que déceptions, périls et ingratitude, tristes fruits des deux premières; où toutes ses tentatives pour obtenir par son travail une existence nécessaire, que le pouvoir aurait dû, après tant de sacrifices et de dévoûment de son vieux serviteur, s'empresser d'offrir à sa vieillesse, ont été, malgré son activité, ses efforts, frappées de stérilité ou méconnues, et ont soulevé contre lui de nouvelles mais de bien plus puissantes haines, qui l'ont enfin conduit dans l'abîme dont la main de votre justice peut seule le tirer avec honneur.

» Je ne vous parle pas de cette fabrique de carton, dans laquelle il n'admettait au travail que des libérés repoussés de toutes les industries par un préjugé qui les rejette dans le crime (1), ni de ces serrures infractionnables, ni de ce papier

---

(1) « J'avais choisi cette industrie de préférence, parce qu'elle s'exerce toujours loin des villes; j'y employais presque exclusivement des libérés des deux sexes; je leur apprenais un métier facile et productif. Les hommes, après un mois d'apprentissage, pouvaient gagner 2 fr. 60 c. par jour, et, par la suite, 3 fr. 50 c.; les femmes, de 1 fr. 25 c. à 1 fr. 75 c. Mes débuts, quoique difficiles, font été assez heureux; j'acquis la certitude que tous les libérés ne sont pas incorrigibles, et qu'avec des soins et de la persévérance, dans les cinq premières années, on pourrait en ramener au bien 20 ou 30 sur 100, et peut être plus si on profitait de leur détention pour les y prédisposer. Malheureusement ma fortune ne me permit pas de continuer cette œuvre philanthropique. » (Extrait du mémoire : *Vidocq à ses juges.*)

de sûreté ; inventions et entreprises utiles, où le sentiment de l'humanité s'allie à une intelligence féconde, et pour lesquelles il ne recueillit que des éloges et des encouragements stériles. Mais je dois vous dire quelques mots de l'établissement qu'il a fondé. Réduit à vivre de son industrie, il a cru pouvoir demander à la longue expérience de sa vie, à ses facultés propres, consacrées pendant vingt ans au service de tous, une existence honorable. Homme de police par vous, grâce à vous et pour vous, il a cru pouvoir faire, au profit du commerce, la guerre aux malfaiteurs qui le trompent et le dépouillent ; et vous le lui reprochez quand c'est vous qui ne lui avez laissé que cette industrie, quand vous l'y avez condamné toute sa vie, quand il n'en a pas d'autre, et qu'il ne la tient que de vous en justice !

» Sa première pensée fut de ne s'adresser qu'au commerce, de lui livrer, moyennant une rémunération modique et déterminée, les noms, les habitudes des escrocs qui l'exploitent, d'obtenir de ces hommes la restitution de leurs gains illicites, de poursuivre contre eux le recouvrement de créances désespérées ; mais les services réels et multipliés qu'il rendit à un grand nombre attirèrent chez lui d'autres clients, le forcèrent à étendre ses relations, et bientôt plus d'une mission délicate lui fut confiée, plus d'un secret grave fut livré à sa discrétion. Cette conséquence était forcée, et pourtant, je l'avoue, moi aussi je ne puis m'empêcher de frémir ici de la témérité de Vidocq : on ne pénètre pas impunément au foyer des familles ; on ne se mêle pas, sans amonceler contre sa tête de terribles orages, aux divisions intestines, aux haines, aux passions des hommes ; on ne devient pas sans risque rival d'une administration jalouse dont on dévoile l'incurie ; un tel pouvoir chez un seul homme effraie et manque de toutes les garanties. Si du moins Vidocq avait pu, comme les monstres de la fable, doués de mille facultés à la fois, tout voir, tout entendre, tout savoir : jamais une plainte sérieuse n'aurait atteint son industrie. Mais le péril pour lui, pour tous, est venu de ses agents ; ce sont ces hommes, que pour un tel état il n'a pu choisir que dans les dernières classes de la grande cité, qui ont parfois, par leurs confidences, la trahison calculée, compromis le nom du maître dont ils mangeaient le pain et qu'ils calomnient aujourd'hui!... Mais là doit s'arrêter le blâme, et la seule victime ici de l'imprudence de Vidocq, c'est Vidocq lui-même,... et cependant c'est là que s'est placée l'accusation pour accabler mon client! Ecartant, oubliant sa vie entière, elle a interrogé les quelques années qui viennent de s'écouler, et vous a dit : Condamnez le créateur de cette coupable industrie, *car il n'a pas craint d'enlever en plein jour une femme mariée pour la rendre à son amant!* Le dossier est sous vos yeux : lisez, et voyez que cette femme abandonnée d'un mari dissipateur, mère de famille, dut la vie aux secours d'un bienfaiteur honoré de tous ; qu'un jour, craignant de lui dévoiler de nouvelles dettes, cette femme, un instant égarée, abandonna son enfant, s'enfuit dans un couvent ; que Vidocq ne fut chargé que de rechercher l'asile qu'elle avait choisi, que sa libre volonté a fait le reste, qu'elle est sortie librement, que librement elle a compris que la place d'une mère est de rester près de sa fille, ce qu'elle a hautement et volontairement déclaré par écrit. *Qu'on le condamne*, dit-on encore, car *il s'emparait des lettres écrites à des tiers, il en violait le secret.* Mensonge ! et les dossiers sont là qui nous apprennent qu'une femme haut placée était atteinte de la triste manie du soupçon ; qu'elle croyait que chacun, parmi les siens, écrivait contre elle des lettres diffamatoires. Vidocq, consulté par elle, l'accueille, caresse sa manie, l'apaise doucement, lui démontre son erreur, la calme et la sauve, et c'est ainsi que s'expliquent, que s'évanouissent toutes ces imputations qu'on a fait surgir comme d'un antre d'iniquité de l'établissement de Vidocq ! Mais pourquoi, vous qui signalez ces *taches*, ces *périls*, pourquoi n'ajoutez-vous pas que mille négociants proclament tous son utilité, son désintéressement?

» Dites donc qu'à chaque instant ces dossiers que vous avez saisis révèlent, proclament des traits de délicatesse et de courage qui honoreraient toute une vie. Cet homme qui, dites-vous, enlève une femme mariée à sa famille, dites donc aussi que cela est si peu possible, qu'il n'a pas voulu, à prix d'or, céder aux sollicitations insensées de ce jeune fou qui voulait enlever une actrice célèbre, et que le refus de Vidocq n'a pas arrêté cette scandaleuse équipée. Dites que Vidocq, une fois, sur la demande d'un mari offensé, arracha à l'infâme qui avait séduit sa femme la correspondance dont il se faisait un moyen de lucre et d'épouvante; qu'il le fit au péril de sa vie, et qu'il obtint pour seule récompense la promesse du mari de ne pas lire et de brûler ces lettres où sa honte, son malheur, étaient écrits. Ajoutez enfin qu'un autre jour une jeune fille d'une famille illustre fut aussi à son insu l'objet d'un projet d'enlèvement violent, projet conçu par un homme marié, considérable, que le délire avait égaré jusqu'au crime; que Vidocq, maître de la confidence de cet homme, l'a, dans son intérêt, noblement trahi; qu'il a confié son dessein, pour le prévenir, à la foi d'un magistrat dont les souvenirs nous viendront en aide; que celui-ci, dont le cœur est haut placé, n'a pas rougi de s'associer à une bonne action de Vidocq; qu'il a sauvé la jeune fille de la catastrophe qui l'eût perdue, le jeune homme de sa propre folie, et que Vidocq n'a voulu d'autre récompense que d'être de moitié dans le secret de cette bonne œuvre! Dites ces belles actions et mille autres, et pour être justes, puisque vous voulez le juger sur sa moralité, ne vous arrêtez pas à l'intérieur de cet établissement si fatal à son créateur, et voyez Vidocq tout entier, interrogez ces vingt ans de traits de courage, de périls pour le service public, et n'ajoutez pas qu'il faisait son métier, qu'il remplissait son devoir; ainsi rempli, au prix de tant de risques, un tel devoir devient une haute vertu! Mais était-ce encore son devoir, quand en 1832 l'ordre disparut tout à coup devant la tempête politique, qu'un homme au milieu de la lutte s'est trouvé qui, seul, quand l'autorité faiblissait près de lui, associa son énergie au courage du préfet de cette époque? qui, seul, à la tête de quelques hommes dévoués, reconquit la cité sur l'insurrection! qui, point de mire des troupes elles-mêmes, trompées par son déguisement, s'avança sous un triple feu de barricades, puis marchant toujours, alla sauver, au centre même du foyer où l'avait cerné la révolte, une compagnie de garde nationale au milieu de laquelle était un de nos confrères, dont la reconnaissance proclame qu'il lui doit la vie! cet homme, c'était Vidocq (1)! C'était encore lui qui dans cet autre jour sinistre de l'insurrection de mai, sachant que le premier magistrat de votre parquet était menacé par une bande de meurtriers, je ne dis pas d'insurgés, des hommes égarés combattent et n'assassinent pas, s'en alla seul et armé se placer sur le seuil de la maison du magistrat. Les meurtriers sont toujours lâches; ils arrivent, l'aperçoivent et s'enfuient: la face de Vidocq leur a fait peur! Voilà ce qu'il

---

(1) BELLE CONDUITE DE LA BRIGADE DE SURETÉ
DANS LES JOURNÉES DES 5 ET 6 JUIN 1832.

Copie conforme du certificat donné par les habitants du quartier de la Cité, en reconnaissance des services rendus le 6 juin 1832, par M. Vidocq, chef de la brigade particulière de sûreté.

A Monsieur le Conseiller d'État Préfet de police,

« Monsieur le Préfet,

» Les soussignés, habitants du quartier de la Cité, voulant rendre hommage au zèle et au courage du sieur Vidocq, chef de la brigade de sûreté, ont résolu d'adresser à Monsieur le conseiller d'État Préfet les détails suivants, dont ils ont été les témoins oculaires.

» Le 6 juin, vers dix heures du matin, des mauvais sujets s'étaient réunis à des étrangers au quartier, dans l'intention d'organiser un plan de défense contre la troupe de ligne et la garde nationale.

» Déjà plusieurs barricades avaient été élevées dans les rues de la Licorne, de la Calandre et de la Juiverie; ces retranchements pouvaient protéger tous les rebelles de la rive gauche de la Seine, inquiéter les troupes bivouaquées sur les ponts et les quais et leur devenir très funeste; et cette organisation, dans un quartier dénué de troupes, devenait d'autant plus alarmante pour les habitants paisibles, qu'ils avaient tout à redouter de ces individus.

» Mais quelques instants après, une partie de la brigade de sûreté, ac-

fallait dire pour laisser à cet homme sa vraie physionomie, sa moralité, et ne pas se faire l'écho de faits dénaturés devant la justice par les bouches impures qui nous les ont appris. Mais non, on a mieux aimé les redire, et ajouter avec mépris que d'ailleurs tout est croyable d'un tel homme, puisqu'il est en état de récidive. Récidive à Vidocq, mon Dieu! récidive à cause du crime que vous savez, après quarante ans d'expiation, pour une faute que notre loi ne punirait plus! Comment! on lui aura demandé le sacrifice de tous les jours de sa vie; on l'aura condamné à tous les périls, à toutes les humiliations, à toutes les peines d'une profession terrible, où chaque jour sa vie fut sur la brèche, tout cela pour effacer les fau-

---

compagnée de huit gardes municipaux, s'est présentée devant les barricades établies, les a détruites et en a chassé les défenseurs, dont plusieurs ont été pris les armes à la main et envoyés à la préfecture; en un mot, en un instant cette petite troupe, commandée par Vidocq et un sous-officier de la garde municipale, déblaya le quartier d'une foule de malfaiteurs, qui s'y étaient réfugiés.

» Les soussignés se plaisent à reconnaître qu'ils doivent au courage de ce petit détachement la tranquillité dont ils ont joui depuis; ils s'empressent de porter ces faits à la connaissance de M. le Préfet, comme un témoignage public de leur reconnaissance.

Le 8 juin 1832.

(Suivent les signatures de 31 négociants et marchands patentés.)

» Le présent certificat, visé comme il suit, par M. le commissaire de police du quartier de la Cité, qui affirme que les faits dont il fait mention sont à sa connaissance, a été recouvert du sceau de son administration.

» Vu au bureau de police, quartier de la Cité, pour attestation des signatures et pour certificat de l'énoncé, les faits et détails étant à la parfaite connaissance du soussigné. »

Ce 10 juillet 1832.

Le Commissaire de police (suit sa signature).

Copie d'une lettre adressée à monsieur le Ministre de l'intérieur, le 26 juin 1832.

« Monsieur le Ministre,

» Parmi les agents de mon administration qui ont déployé le plus de zèle, de courage et de dévoûment, pour réprimer la révolte dans les deux journées des 5 et 6 juin, j'ai dû distinguer le sieur Vidocq, chef de la brigade de sûreté.

» Le rapport dont j'ai l'honneur d'adresser copie à votre Excellence lui fera connaître la présence d'esprit et l'intrépidité dont cet agent a fait preuve dans un moment bien difficile, et les dangers qu'il a courus en défendant la cause de l'ordre public et des lois.

tes de sa jeunesse, et c'était un piége! et il était promis à la récidive! et les juges de première instance l'ont tué de nouveau avec son supplice de l'*an V!* Cela confond la raison, brise le cœur, et cela n'est pas juste. Mais je m'égare, Messieurs; pourquoi ces réflexions, à vous qui ne voulez pas demander à Vidocq ses antécédents pour le condamner, et qui n'en avez pas besoin pour l'absoudre! Pardon de cette di-

---

» Le sieur Vidocq termine ce rapport en demandant pour toute récompense que sa conduite soit mise sous les yeux de Sa Majesté.

» Votre Excellence décidera si ce désir, du reste si louable, peut être accueilli.

» Agréez, etc.

» Pour copie conforme,

Signé GISQUET.

» Légalisé par le Commissaire de police du Marché Saint-Jean, le 16 janvier 1834. »

Extrait du discours de M. Thiers, Ministre de l'intérieur.
(Journal le *Constitutionnel* du vendredi 30 novembre 1823.)

« La préfecture de police, obligée d'envoyer la garde municipale aux endroits où le feu était le plus vif, ne pouvait l'envoyer dans les rues étroites de la Cité, où des malfaiteurs s'étaient réfugiés. Les habitants de la Cité demandaient des secours; on fut obligé d'envoyer la brigade de sûreté; elle est accourue sur les lieux avec des armes; elle a saisi des repris de justice qui s'y trouvaient et ne méditaient que le pillage, car il y en a eu deux condamnés pour ce fait. La brigade de sûreté a délivré ce quartier de brigandages; et les habitants de la Cité, j'en ai la preuve, ont remercié M. le Préfet de police des services qui leur avaient été rendus. »

Extrait d'un article de la Tribune, *du* 6 *juin* 1833, *sur l'anniversaire des* 5 *et* 6 *juin* 1832.

« Rien donc ici ne fut général, aussi les cris de ralliement étaient-ils, *vive la république !*

» Tout le monde sait avec quelle rapidité se propagea l'insurrection. Soldats et citoyens, tous étaient unanimes dès la première soirée. Les postes rendaient les armes volontairement. Les troupes de ligne refusaient de marcher, si la garde nationale ne s'avançait pas avec elles. Les ministres parlaient déjà d'évacuer Paris.

» Qu'est-ce qui fait échouer ce grand mouvement? Mais les mensonges du pouvoir, les odieuses machinations de la police, et surtout la grossière perfidie de ce drapeau rouge, emblème odieux pour les uns, absurde pour les autres, inventé à propos par les agents de l'infâme Vidocq, dont la présence d'esprit sauva la royauté. »

Cette copie est conforme à l'original, présenté au commissaire de police du quartier du marché Saint-Jean le 16 janvier 1834, qui l'a légalisé.

gression qui malgré moi s'est fait jour, et, fidèle désormais à ma promesse, je reviens au procès, à l'arrestation arbitraire.

» Il existait à Paris un homme nommé Pierre Champaix ; il faisait partie de cette réunion d'Auvergnats s'enrichissant au sein de la capitale aux dépens du commerce, puis allant enfouir dans leurs montagnes leur butin illégitime. Parmi ces hommes, la famille la plus tristement renommée, c'est la famille Champaix : son père, ses oncles, ses trois frères et lui-même, ont été récemment frappés de condamnations. Tel est Champaix ; voici maintenant son industrie. D'accord avec deux négociants établis, Champaix se présentait chez les marchands ou fabricants de la capitale ; il indiquait, pour qu'on prît des renseignements, les deux négociants ses complices, puis il se faisait livrer à crédit des marchandises qu'il vendait à 50 p. 100 de perte et au comptant à ses complices eux-mêmes, réalisant ainsi un bénéfice énorme. Les créanciers le poursuivirent, Champaix disparut. Les négociants indignement trompés perdirent sa trace, et s'adressèrent à Vidocq ; ils lui remirent leurs titres, et il se chargea de les faire payer. Son moyen est simple : Vidocq connaît de longue main les Auvergnats ; il sait qu'une fois leur retraite connue, la crainte d'une poursuite criminelle les amène à composition, et qu'il peut les faire payer. L'important, l'essentiel, est de les trouver et de les voir. Un ami de Champaix s'engage à lui faire rencontrer cet homme, et le 12 août au matin ils se trouvèrent avec lui rue du Bac. Vidocq donne ordre à son agent, Ulysse *Perrenoud*, de se trouver au pont Royal. Mais cet homme, qu'un intérêt secret sollicite, qui voit de suite qu'il peut donner à cette affaire une couleur fâcheuse, cherche dès ce moment à dresser ses batteries. Il emmène avec lui un autre agent de Vidocq, comme s'il s'agissait d'une expédition violente ; sans ordre il se fait accompagner de *Tastet* ; arrivé au pont Royal, il avertit les marchands voisins que le fameux *Vidocq* va venir faire une arrestation ; et quand ce dernier arrive, tous les esprits sont prévenus ; et une curiosité malveillante est excitée contre Vidocq. Celui-ci est accompagné de son secrétaire, et dès que Champaix paraît, il va droit à lui, se nomme, lui demande s'il a de l'argent pour ses créanciers, montre ses titres et insiste pour être payé. Ce qu'il avait prévu arriva. Champaix, découvert, intéressé à ne pas ébruiter son délit, demande à composer, dit à Vidocq : Allons chez vous, lui prend le bras, et tous deux vont comme deux amis, disent les témoins, chercher un fiacre rue de Poitiers. Ils passent devant dix factionnaires, montent en voiture; elle se dirige vers la galerie Vivienne, devant vingt postes et vingt factionnaires. Passage Vivienne on s'arrête, on cause, on monte : Champaix monte le dernier. il veut envoyer chercher l'ami auquel il a confié son argent, et il attend chez Vidocq. Il y dicte des notes, il y déjeune, il y voit dix étrangers et y est vu par eux. Il ne se plaint pas, il a dit même le lendemain à plusieurs personnes qu'il était enchanté que Vidocq se chargeât de ses affaires; et voilà ce qu'on a transformé en arrestation, en détention arbitraire!... »

Ici M. le président consulte la Cour, interrompt l'avocat et lui dit : *Me Landrin, votre cause est entendue.*

A ces paroles, l'assemblée tout entière est saisie d'une émotion difficile à décrire; on se précipite au banc de la défense, et l'avocat et son client sont enveloppés dans les mêmes et unanimes félicitations.

Nous voulions essayer de donner à nos lecteurs la fin de cette plaidoirie, dont la première partie a fait une vive et profonde impression. Me Landrin avait bien voulu nous communiquer ses notes, mais nous ne pourrions les revêtir de la parole si animée, si convaincante, de l'avocat. Cette parole qu'eût créée l'audience, nous ne pouvons la suppléer. L'arrêt de la Cour royale résume d'ailleurs toute la discussion; et nous sommes heureux d'avoir pu fidèlement recueillir et reproduire d'une manière complète tout ce qui a été dit à l'audience par Me Landrin : cela suffit pour faire apprécier sa plaidoirie; et, ce qui surtout était le désir du défenseur, cela suffit, disait-il après l'audience, pour que désormais on puisse mieux juger, mieux connaître son client, et se faire une opinion plus juste de son caractère, de ses actes et de sa moralité.

La parole est au défenseur de Landier.

Me Eugène Baichère : Je demande qu'il plaise à la Cour renvoyer Landier des fins de la plainte. Messieurs...

M. le Président : Votre cause est également entendue.

M. le Président : Gouffé a-t-il un avocat?

Me Rivière se lève, et prend également des conclusions.

XVIII. — ACQUITTEMENT. ARRÊT.

La Cour délibère aussitôt, et rend peu d'instants après l'arrêt dont nous donnons la teneur :

« La Cour, faisant droit sur les appels :

» *En ce qui touche l'appel du ministère public*, adoptant les motifs des premiers juges ;

» *En ce qui touche les appels de Vidocq et de Landier* sur le chef d'arrestation, de détention illégales :

» Considérant qu'il résulte de l'instruction et des débats que Vidocq, chargé des intérêts des créanciers de Pierre Champaix, a attendu celui-ci dans la rue du Bac; qu'il n'a usé d'aucune violence envers lui; que Champaix a consenti à se rendre chez Vidocq, et qu'il l'a volontairement suivi; qu'il n'a point été renfermé chez Vidocq ; que c'est volontairement qu'il y est resté ; que c'est lui-même qui a envoyé Landier chercher Tartière, dépositaire de ses fonds;

» Que c'est volontairement qu'il a souscrit la reconnaissance d'une somme qui devait profiter à ses créanciers, accepté un rendez-vous le lendemain chez Vidocq avec ses créanciers; qu'il s'y est volontairement rendu ; qu'une nouvelle conférence a eu lieu sans que Champaix ait élevé aucune plainte à raison des faits qui s'étaient passés la veille; qu'il s'est même déclaré satisfait de l'intervention de Vidocq ;

» Considérant que ces faits ne sauraient constituer une arrestation ni une détention illégales, et que par conséquent la complicité imputée à Landier ne peut subsister;

» *Sur le chef d'escroquerie à l'égard de Duvivier :* — Considérant que Duvivier s'est adressé à Vidocq par l'intermédiaire de Sousquet pour obtenir la décoration de la Légion-d'Honneur et quelques décorations étrangères; qu'il a offert spontanément des sommes considérables pour les obtenir, encore bien que Vidocq l'ait prévenu que la plupart de ces décorations étaient sans valeur;

» Que, cette négociation n'ayant pas eu le résultat qu'on en attendait, Vidocq a renvoyé à Duvivier les sommes qu'il en avait reçues, en conservant seulement ce qu'il croyait lui être dû pour ses déboursés et ses démarches;

» Que ni l'instruction ni les débats n'établissent que Vidocq ait usé d'aucune manœuvre frauduleuse pour persuader l'existence d'un crédit imaginaire; que par conséquent le fait reproché n'a point les caractères d'escroquerie prévus par la loi;

» Infirme, et renvoie Vidocq et Landier des fins de la plainte sans dépens; ordonne qu'ils seront mis en liberté;

» *En ce qui touche les dépens*, condamne la partie civile au vingtième des dépens. »

Pendant la délibération, Vidocq, qui a compris qu'il s'agissait indubitablement d'un acquittement, manifeste la plus vive satisfaction; il serre avec émotion la main de son avocat, et nous voyons sur cette physionomie si remarquable les marques non équivoques d'un grand attendrissement. M. de Berny, ancien conseiller à la Cour, et qui assistait à ce procès, s'entretient pendant quelques instants avec Vidocq, et paraît le féliciter. Nous devons ajouter, du reste, que la lecture de l'arrêt a été accueillie, de la part de l'auditoire, avec les marques du plus vif intérêt.

www.ingramcontent.com/pod-product-compliance
Ingram Content Group UK Ltd.
Pitfield, Milton Keynes, MK11 3LW, UK
UKHW020316250726
13967UKWH00004B/1748